당신이 걷는
기다림의 길에,
희망 한 스푼

시험관아기시술 전문의가 전하는
따뜻한 위로와 조언의 힐링 에세이

당신이 걷는 기다림의 길에, 희망 한 스푼

시험관아기시술 전문의가 전하는 따뜻한 위로와 조언의 힐링 에세이

초판 1쇄 발행 2025년 12월 5일

지은이 김동원
펴낸이 장현수
펴낸곳 메이킹북스
출판등록 제 2019-000010호

디자인 홍규선
편집 홍규선
교정 안지은
마케팅 이지현

주소 서울특별시 구로구 경인로 661, 핀포인트타워 912-914호
전화 02-2135-5086
팩스 02-2135-5087
이메일 making_books@naver.com
홈페이지 www.makingbooks.co.kr

ISBN 979-11-6791-808-6(03810)
값 16,800원

당신이 걷는 기다림의 길에, 희망 한 스푼

시험관아기시술 전문의가 전하는
따뜻한 위로와 조언의 힐링 에세이

김동원 지음

메이킹북스

추천사

삼성미즈 산부인과 한상훈 대표원장

현장의 깊은 경험과 난임 부부를 향한 따뜻한 시선이 이 한 권에 담겼습니다.
복잡한 의학 대신, 마음을 어루만지는 언어로 '지금의 나'를 위로하고 용기를 건넵니다.
두려움을 줄이고 희망을 키워주는 '공감의 나침반—'
길고 힘든 기다림 속에서도 마음을 지켜주는 따뜻한 동반서로 자신 있게 권합니다.

인제대학교 해운대백병원 산부인과 교수 전성욱

막연한 희망과 풋풋한 열정을 안고 의사의 길을 걷기 시작한 지 어느덧 26년이라는 세월이 흘렀습니다. 그동안 수많은 동료 의사들을 만나왔고, 그중에는 뛰어난 실력을 갖춘 분도 많았고, 진심 어린 마음으로 환자들을 보살피는 따뜻한 분들도 많았습니다. 또 자신의 경험과 감정을 아름다운 글로 표현하는 재능 있는 분들도 적지 않았지요. 그러나 그 모든 덕목을 온전히 품은 이는 참으로 드물었습니다. 그 드문 분 중 한 분이 바로 김동원 선생님입니다. 김 선생님은 생명의 탄생이라는 기적 앞에 전문의로서 탁월한 능력을 발휘해온 유능한 난임 의사이신 동시에, 환자 한 사람 한 사람의 아픔과 삶에 진심으로 공감하며 위로를 건네는 따뜻한 산부인과 의사이십니다. 오랜 시간 동안 써오신 글들을 모아 엮은 이번 에세이는 독자들에게 때로는 마음을 녹이는 따스한 미소를, 때로는 가슴 깊은 곳에서 우러나는 뜨거운 눈물을 선사할 것이라 믿으며, 많은 분들께 깊은 진심을 담아 권해드립니다.

연세대학교 세브란스 병원 산부인과 교수 최영식

간절한 기다림에 따뜻한 위로와 희망을 전하는 책

난임 전문의 김동원 원장의 에세이 "당신이 걷는 기다림의 길에, 희망한 스푼"은 시험관 시술이라는 힘든 여정을 걷고 있는 모든 부부에게 진심 어린 위로와 용기를 건네는 선물 같은 책입니다. 저자는 오랜 시간 난임 부부들과 희로애락을 함께하며 얻은 깊은 공감과 통찰을 바탕으로, 불안과 좌절의 순간에 흔들리는 마음을 다잡아 줍니다. 이 책은 단순히 의학적 정보를 넘어, '엄마의 아들에서 아내의 남편으로 다시 태어나는 법', '걱정을 분산하는 방법', 그리고 '덜 행복한 희망을 품는 법' 등 삶의 지혜와 통찰을 선사할 것입니다.

특히, 서로에 대한 '극강의 배려'와 '믿음의 힘'이 난임의 여정을 이겨내는 가장 큰 동력이라는 진리를 말하고 있고 절망 끝에 찾아온 기적 같은 임신 성공 사례들은 독자들에게 "포기하지 않으면 끝은 있습니다"라는 강력한 희망의 메시지를 전달합니다. 불확실한 미래에 대한 두려움으로 힘든 시간을 보내는 모든 난임 부부에게 이 책은 고통의 순간까지도 감내하며 함께 나아가야 할 이유를 제시하며, 결국 '평범한 기적'을 만날 것이라는 굳건한 믿음을 심어줄 것입니다.
간절한 기다림의 끝에서 환하게 웃을 당신을 위해, 이 책을 강력히 추천합니다.

서울시립대학교 도시공학과 교수 정석

부부 사랑의 결실을 간절히 기다리시는 분들께 이 책은 따뜻한 위로와 깊은 울림을 전해드립니다. 희망이 보이지 않는 순간에도 부부께서 하나 되어 마음의 '연'을 높이 띄우신다면 하늘은 반드시 바람을 보내드릴 것입니다. 노력과 기도의 영역을 넘어 끝내 놓지 말아야 할 부부의 희망을 이야기하는 산부인과 전문의의 가장 정성 어린 기록이자, 위로와 사랑이 가득 담긴 책입니다.

프롤로그

오래된 글들이 하나씩 모여 이제 한 권의 책으로 다시 태어났습니다.
삶이란 참으로 알 수 없어 제가 산부인과 의사가 될지도, 난임 전문의가 될지도, 그래서 이런 에세이를 블로그에 홈페이지에 난임 부부에게 드리는 많은 글들을 쓰게 될지도 저는 전혀 예상치 못했습니다.
하지만 또한 삶이란 한 순간엔 해낼 수 없는 것들조차 시간의 힘으로 조금은 더 단단한 결과물들을 만들어 낼 수 있다는 것도 이번 기회에 알 수 있어 저에겐 뜻깊은 작업들이었다고 생각합니다.
제가 2004년 월간 한맥에 '백일홍'이란 시로 신인상을 받으면서 등단한 후로 늘 마음속에는 시집 한 권 내야지 하는 생각이 있었는데 이번에 보니 시집보다 오히려 에세이가 먼저 활자화되어 많은 분들을 찾아가게 되었습니다.

돌아보면 어떻게 이렇게 많은 글을 썼을까 하다가도
그 글들을 읽고, 행간의 문장에 눈물 흘리고
그 말미의 울림에 가슴 아려 하면서
같이 공감하고 교감했던 수많은 분들이 있어 제가 그 힘을 받아내었을지도 모른다는 생각을 해봅니다.

그리고 가끔은 글과 문장 속에서 한 말이 결국은 저 스스로에게 하는 말이란 생각도 많이 했습니다.

"통제할 수 없는 걱정은 하지 말자, 그리 한다면 그건 스스로를 힘들게 할 따름이다.
우리 이렇게 살면 어떨까?
통제할 수 없는 것들에 대해선 기도를 하고, 틈과 여지가 있다면 노력을 하자….
그래서 우린 그 노력을 하고 있는 중이다."

"어느 계곡에서 부는 바람이 연을 하늘로 날릴지 모른다.
우리는 연을 만들고 있는 중이고……
바람은 신의 영역이자 자연의 영역이지만
연을 만드는 것은 우리의 영역이고, 노력의 영역이다.

어느 따뜻한 봄 그 어느 계곡에서 순풍이 불어와
이내 내가 만든 연을 하늘 높이 날아오르게 하면
우리는 이걸 비상이라 부른다."

"아주 유명하거나 악명 높은 사람이 아닌 우리 같은 평범한 범부들에게 인생에 있어 어깨에 지고 갈 고통의 무게의 총량은 같다고 생각한다.
그래서 오늘 버겁고 힘든 오르막길을 숨이 턱에 차게 오르고 있다면 언젠가 그 짐을 벗어 버리고 시원한 순풍을 온몸으로 맞으며 내리막길을 걸어갈 날도 분명히 올 것을 나는 믿는다."

말은 힘을 가지고 있습니다.
희열도, 눈물도, 환희도, 위안도 여기에 있습니다.

진실과 바람과 결실로 가는, 그렇게 이끄는 힘도 또한 여기에 있다고 저는 믿습니다.
제가 전하는 이 글들 속에서 모쪼록 많은 영감과 위로를 얻기를 진심으로 바랍니다.

감사합니다.

목
차

추천사 4
프롤로그 7

1. 당신 곁을 지켜주는 사람들

사람이 그립습니다 13
부부가 가야 할 길은 무엇일까 19
어머니의 기도 24
시험관아기시술 할 때 배려의 힘을 아시나요? 28
삶이 항상 다른 이에게만 평화롭게 보인다면…… 31
가족이 선택해서 만나는 것이 아님에
우리가 생각해야 할 것에 대하여 36
당신이 사랑하면서 살아야 할 이유 39
부부가 된다는 것이 얼마나 큰 기적인지에 대해 43
엄마의 아들에서 아내의 남편으로 다시 태어나는 법 47

2. 작은 기적을 기다리는 길 위에서

시험관아기시술하시는 부부들에게 전하는 선물 같은 이야기 52
시험관아기시술하면서 걱정이 너무 많은 당신에게… 58
시험관하다 포기가 떠오를 때 63
지푸라기와 추어탕 67
그만두고 싶은 순간, 다시 시작할 용기에 대하여 71
작은 울림이 큰 변화를 만든다 74
덜 행복한 희망을 품는 법 79
시험관아기시술하시다가 어떤 분이 하신 말씀… 82

3. 행복은 여전히 당신을 향해 다가오고 있습니다

난임병원에서 시험관시술하시는 분들께
- 불안과 걱정에 대하여 87

걱정을 분산하는 방법에 대해 91

최선을 다해서 사는 삶 96

삶의 또 다른 가치에 대해…… 100

힘든 시간들이라도 오늘을 열심히 살아야 할 이유가 있다면 103

무소의 뿔처럼 혼자서 가라 <불경 '숫타니파타' 중에서> 107

비가 내리는 새벽입니다 111

위로는 영혼의 양식이다 114

흔들리는 날들 속에서 올곧이 사는 방법에 대해 117

고요함으로 세상을 마주하는 법 120

4. 내일의 당신이 오늘의 당신에게 건네는 위로

감사한 마음으로 보내온 특별한 편지 한 장 124

난임 전문의가 경험한 신기한 태몽 이야기 131

비가 오는 저녁의 단상 135

시험관아기시술 중 불안하고 걱정이 몰려오면 137

시험관아기시술 후 기적 같은 임신, 기쁨의 눈물 143

미래의 내가 오늘의 나에게 보내는 편지 149

시험관시술하고 불면의 밤을 지새우는 분들에게
주문을 걸어봅니다 152

새벽 첫 이슬 풀잎에 맺히고 155

의사가 왜 필요한지, 그 울음 속에서 들었습니다 158

헌시(獻詩) 161

에필로그 164

감사를 전합니다 166

1. 당신 곁을 지켜주는 사랑들

사람이 그립습니다

안녕하세요?

오늘은 "사람이 그립습니다"라는 제목으로 사연 하나를 말씀드리려고 합니다.

별을 사랑했고, 시를 사랑했고, 사람을 사랑했던 지극히 아름다운 한 사람이 살았습니다.

어린 나이에 사랑을 했고 무작정 남자를 따라 나서 도시에 정착을 했답니다.

고단한 하루였지만 둘은 열심히 일을 했어요.

남자는 비록 많이 배우지 못했지만 그 누구보다 열심히 일을 했어요. 새벽부터 늦은 밤까지 아픈 허리를 두드려가며 도시의 어둠을 벗 삼아 돈을 모았습니다.

그녀 역시 맨손으로 할 수 있는 것이라면 도둑질 빼고 다 했다시피 할 정도로 열심히 일을 했습니다.

그렇게 몇 년의 시간이 흘렀습니다.

가을이 가고, 겨울의 초입에 들던 어느 날.

남자는 집으로 향하고 있었답니다.

헐거워진 자전거의 체인이 문제가 되었지요.

보도 한 켠에 자전거를 세우고 공구함에서 작업용 장갑을 꺼내고 고개를 숙이던 순간, 남자는 등 뒤가 따뜻해지는 느낌을 받았습니다. 그리고 눈을 뜬 순간 그는 아무것도 기억이 나질 않았습니다.

아내가 그를 내려다보고 있었지요.

큰 두 눈가에는 그렁그렁 눈물이 맺힌 채로……

심한 사고였나 봅니다.

그는 다시는 일어나 걸을 수 없다는 말을 듣고는 그저 꿈이려니 했습니다.

믿을 수가 없었습니다.

받아들일 수가 없었습니다. 해야 할 일이 많은데, 벌어야 할 돈이 많은데, 아내에게 약속한 게 너무도 많이 남아 있는데……. 이래서는 안 되는 것이었습니다.

병실의 창밖엔 눈이 내리고 있었습니다. 함박눈이 가는 바람에 흔들리며 쏟아지고, 어디로 향하는지 알 길 없는 수많은 사람들이 잰 걸음으로 도로를 꽉 메우고 있었습니다.

네온사인이 멀리 깜박이고, 도시의 수많은 교회 첨탑엔 세상을 환히 밝히시려 이 땅에 내려오셨다는 예수그리스도의 십자가가 노랗게, 또는 빨갛게 빛나고 있었습니다.

아내는 사고에 대해 말했습니다.

가해자를 찾을 길도 없는 뺑소니 사고였고, 그간 모았던 돈은 치료비로 고스란히 들어가버렸다고 하였습니다. 원망은 아니었지만 미래에 대한 약속을 잃어버린 가엾은 영혼에서 나오는 절망의 목소리는 남편을 더욱더 괴롭게 만들었습니다.

그리고 시간이 많이 흘렀습니다. 또 한 번의 크리스마스가 지나고 남편은 휠체어에 의존해 이것저것 만들고, 고치는 일에 열중하고 있었고, 아내는 한 달에 두 번 쉬는 식당에서 비번날이라 돌아올 시간이 되었습니다.

밖은 매서운 바람이 몰아치는 한겨울이었고, 집 안 역시 그리 따뜻하지만은 않았지만 집에 들어서는 아내는 훈기를 느낍니다. 사랑하는 남편이 있기 때문이지요.

아내는 주머니에서 무언가를 꺼내 내밉니다.

통장이었습니다.

재기의 발판은 그렇게 시작되었습니다.

그리고 몇 년이 지난 어느 날, 부부는 무언가가 빠져 있는 자신들을 발견합니다. 그들을 연결하고 있는 지고지순한 사랑의 결실이 문득 눈물나게 그립습니다. 쉽지 않은 결정을 하기까지 많은 고민과 포기가 반복된 후 부부는 병원을 찾습니다.

남편은 척추 손상으로 인해 정상적인 관계를 통해 아기를 가지는 것이 불가능했습니다.

결국 수술대에 오르게 되었지요.

다행히, 아주 다행히 고환을 절개한 후 떼어낸 작은 조직 내에는 살아 있는 정자들이 어느 정도 있었습니다.

시험관 아기 시술을 시행하고, 난자 안에 정자를 직접 찔러넣는 미세조작술을 시행한 후 배아를 몸속에 이식했습니다.

많은 기다림.

그 부부의 결과는 어떻게 되었을까요?

사고가 난 그 겨울 의식이 없는 남편 곁에 서서 바라본 겨울 창밖, 그 행복하고 즐거운 저녁 풍경 속에서 그녀는 무슨 생각을 했을까요?

왜 세상은 이렇게 심한 고통을 그들에게 안겨주었을까요? 딱히 그들이 받아야 할 만큼의 고통이었을까요?

삶은 때론 예기치 않은 곳에서 우리를 고통과 슬픔의 길로 이끌곤 합니다. 병원을 찾아 시험관아기시술을 시작한 또 다른 분은 언니의 돌도 지나지 않은 아가가 심장 판막에 중증의 이상이 있어 회복이 불가능한 지경에 이르러 차마 언니는 간호도 하지 못한다 하여 대신 병원을 지키고, 주사를 맞으러 다니고 있습니다.

그 고통의 깊이를 우리가 과연 헤아릴 수 있을까요?

그래서 세상은 살기가 쉽지만은 않은 곳일 것입니다.

하지만 그러기에 더욱더 희망이란 단어가 소중할 수 있으리라 생각합니다.

아가는 우리에게 무엇일까요?

버거운 하루하루를 견디고 고통의 시간들을 인내하여 마침내 임신에 성공한 순간, 그 느낌이란 겪지 않은 분들은 차마 이해하지 못할 것이라 생각합니다.

4년, 5년 그리도 오지 않던 아가가 마침내 배 속에 잉태돼 있다는 믿기지 않는 사실.

그 눈물나는 결실의 순간을 우리 병원에 다니는 모든 분들이 멀지 않은 미래엔 꼭 경험해보길 바라는 마음입니다.

개원을 하고 15년이 넘었습니다.

그동안 만난 모든 분들이 저에겐 분에 넘치는 과한 인연이었습니다.

최선을 다했지만, 실수도 있었고, 서운한 마음에 떠난 분들도 계십니다. 의사도 인간이라 말하기엔 저를 찾는 모든 분들의 상황이 그리 녹록지 않기에 저 역시 늘 많은 고민과 최선을 다한 시술을 하려 노력한답니다.

성공한 분들보다 아직 아기를 가지지 못한 채, 저를 정말 믿어주고 신뢰를 보내주는 많은 분들께 정말 멀지 않은 미래에 그 희망의 결실과 씨앗이 눈앞에, 사랑 가득한 현실로 펼쳐질 수 있도록 노력해 보려 합니다.

새벽에 일어나 창밖을 봅니다.

산은 그대로 산이고, 하늘은 그대로 하늘인데 사람 마음만 이리저리 흔들리며 바람을 탑니다.

오늘 누군가는 임신이 되었는지 걱정하며 새벽부터 저처럼 깨어 있겠지요. 다른 이는 실패의 전화를 받고, 많은 눈물을 흘리고, 다시 마음을 추스르고 뜨거운 커피 한 잔으로 젖은 목젖을 녹이고 있을 거구요.

그래요. 이게 우리네의 하루하루인 것 같습니다. 이 쉽지 않은 시간 너머 어딘가 전에 말씀드렸던 종착역이 꼭 있으리라 생각합니다.

피곤한 몸으로 일어나, 객실 문을 열고 나오는 순간, 서늘하고 시원한 공기와, 밝은 햇살과, 화사한 꽃내음 가득한, 그 무엇보다도 부부를 똑 닮은, 그리고 기다리고 기다렸던 아가를 만나볼 종착역이 꼭 있습니다.

오늘 하루 역시 누군가의 간절한 바람이 이루어지는 소중한 날이 되었으면 하는 생각입니다.

우리 모두는 행복해야 하기에…….

부부가 가야 할 길은 무엇일까

많은 사람들이 오고가는 거리를 바라봅니다.

희망을 가슴에 품었던 시절이 언제인지 기억조차 나지 않는 차가운 현실 앞에 서서 부단히 하루를 살아가지만 세상과 삶은 그리 녹록지만은 않은 것 같습니다.

늘 선택의 갈림길에 서 있다 보면 내가 가는 길이 맞는 결정인지 아닌지 알 길도 없구요.

그리고 타인과의 비교 또한 우리를 힘들고 지치게 하는 이유임에 틀림없습니다.

우리는 천리마는 알아도 백리마, 십리마는 알지 못합니다.

천리마 정도 능력이 되어야만 인정을 받으니까요.

하지만 천리마가 하루에 천리를 달리지만 열흘을 쉬어야 한다는 사실을 우리는 또한 알지 못합니다. 백리마는 열흘 내내 지치지 않고 달릴 수 있다는 사실도 간과하곤 하지요.

그래서 사실 무엇이 좋은지는, 어떤 선택이 최선이었는지는 아무도 모릅니다.

독일의 철학자 라이프니치는 그의 형이상학적 사상에서 "예정조화"를 주장합니다.

우주의 모든 존재는 '미리 정해진 조화'대로 창조되었으며 이에 따라 인간의 몸과 마음, 모든 행위와 주변 사물들은 정해진 대로 서로 긴 밀한 상호 작용을 한다는 사상이지요.

조금 어려운가요?

거리를 걷다 보면 어쩐지 어울릴 것 같지 않은 듯 보이지만, 누구보다 다정히 걸어가는 사람들을 만날 때가 있습니다. 우리는 고개를 갸웃할지 모르지만, 그들의 걸음에는 행복이 묻어납니다. 바로 예정조화 때문입니다.

우리가 다양한 얼굴, 성격, 사실 중에서도 제각기 하나의 얼굴, 하나의 성격, 하나의 사실에 깊은 인상을 받게 되는 데는 이유가 있다고 에머슨은 『세상의 중심에 너 홀로 서라』라는 책에서 주장합니다.

에머슨은 이렇게 말합니다.

"우리 인생의 장년기와 노년기에도 우리는 여전히 행복만으로는 충분하지 않고, 반드시 고통과 두려움이 가미되어야만 행복에 취할 수 있었던 그런 날들을 추억하며 심장을 두근거린다. 왜냐하면 그는 누군가 말했던 다음과 같은 사랑의 비밀을 건드렸기 때문이다.

'모든 즐거움 중에서도 오직 사랑만이 그에 수반하는 고통을 겪을 만한 가치가 있다.'"

그래서 우리는 만났고, 부부가 되었고, 지금 여기에 두 손을 부여잡고 서 있고, 무언가를 바라고 있고, 그래서 둘은 한마음이 되어 살고 있는 것입니다.

결혼을 안 했으면 이런 일도 없었겠지만 그렇게 말하면 아무것도 하지 않아 아무 일도 일어나지 않는 삶을 바라는 것이니 이는 굳이 말할 가치도 없어 보입니다.

우리는 이겨내면서, 극복하면서, 도전하면서 무언가를 얻어내는 것이 삶이라는 것을 잘 알고 있기 때문입니다.

저희 병원에 내원하시는 부부 역시 마찬가지입니다

간혹 다른 이유도 있을 수 있겠으나 매우 강한 끌림과 예정조화가 부부를 만드는 것이지요.

생각해 보면 80억 인구 중에 둘만이 부부가 되니 이 얼마나 드문 확률일까요?

부부가 아니라 하더라도 직장이나 다니는 학원의 선생님, 병원의 주치의…. 모두 이러한 예정조화로 인해 만나지는 소중한 인연들입니다.

이제 우리가 기다리는 아가도 마찬가지로 소중한 예정조화의 결과란 생각이 듭니다.

간절히 원하고, 노력하면 원래 정해진 대로, 부부에게 안기기로 되어 있는 그 소중한 인연이 찾아올 것을 저는 늘 믿습니다.

가끔은 무엇을 잘못한 것도 없는데, 다른 사람들은 참으로 쉽게 가는 길인데 나만 유독 버겁고, 힘에 겨운 것들이 있습니다.

하지만 잘 생각해 보면 쉽게 뭔가가 이루어지는 듯한 그들도 각각의 삶에는 우리가 미처 알지 못하는 수많은 고통과 눈물이 배어 있는 법입니다.

그래서 저는, 어려운 이야기지만 남과의 비교는 하지 않았으면 합니다.

우리는 우리의 길을 갑니다.

지치고 피곤하여, 주저앉고 싶을 때도 있지만 삶이란 이러한 고통의 순간까지도 감내하면서 이겨내야 하는 것이라 믿으며 우리의 길을 갑니다.

반대편 우주 저 멀리에서 우리를 위해 작은 발걸음을 옮기는 우리의 아가를 바라봅니다.

우리가 힘을 내지 않으면 우리들의 아가를 안아볼 도리가 없습니다.

그러니 열심히, 최선을 다해서 가볼 도리밖에요.

임신이 되고, 아가를 만나는 과정은 우리가 결국은 그리 될 것이라는 미래의 사실을 믿는 것부터 출발합니다.

부모가 되기 전부터 부모가 될 것임을 믿는 것이 안될 것도 되게 하고, 될 것은 더 빨리 이루어지게 할 것입니다.

우리 병원에 오시는 모든 난임 부부에게 올 가을은 결실의 계절이 되었으면 합니다.

백일홍

詩 김동원

있지 않아야 할 곳에 피어
내 마음처럼 흔들리는 너
바라보는 그곳은
여름날에 어디쯤이냐

봄바람 타고 다른 꽃 다 피고 지거늘
어째서 내 삶처럼 견디며
여름을 홀로 나는 이유 모르겠다

늦여름 햇살 속에 꽃봉오리 피워 내고
그저 백일 동안만 멋들어지게 살다 가니

들꽃은 그저 들꽃이어야 하거늘
네 소분 속에 뿌리내린 일
아직은 후회로 흔들리는 모양이구나

어머니의 기도

세상에 많은 인연이 있다지만 어머니와 자식의 관계보다 더한 사이는 없을 것입니다. 못 먹고, 못 입었던 그 시절이나 그보단 많이 좋아진 지금이나 어머니의 희생과 사랑은 더하지도 덜하지 않게 늘 위대하고 눈물 나는 사랑 그 자체니까요.

어제는 부처님 오신 날이었습니다.

날씨는 좋지 않았지만 도시 여러 곳과 푸른 산으로 통하는 길 입구마다 연등이 오래된 풍경처럼 흔들리고 있었습니다.

전 사실 불교 신자가 아니라 연등의 의미에 대해 자세히는 모릅니다.

하지만 어머니들이 내건 연등엔 하나하나 눈물 나는 기다림과 애태우는 간절함이 들어 있음을 알게 되었습니다. 자식의 건강에 대해서, 시험의 합격을 바라며, 또는 아가를 기다리는 우리 난임 부부들의 어머니의 기도야 더 말해서 무엇하겠습니까?

많은 자식들은 중학교, 고등학교를 가면서 가난함과 비교, 열악한 상황에 대해 알게 되지요. 잘 입고, 좋은 차 타고 멋지게 차려입은 어머니와 가난하고 어눌하며 무식하다고 생각하는 자신의 어머니를 비교하곤 하지요.

사춘기! 흔들리는 자아와 인식의 숲속에 넘쳐나는 호르몬의 신호를 감당 못하고 한 줄 시에 눈물 흘리고, 감성과 이성의 바다를 훌쩍 훌쩍 뛰어넘어 다니던 그 시절. 학교에 찾아온 어머니는 버스비를 아끼려고 오랜 시간을 걸어 화를 내며 놓고 간 도시락을 가져왔습니다.

아이들과 떠들던 소녀는 뒷문으로 들어온 어머니를 보고 되레 화를 냅니다.

그래도 어머니는 애써 웃음 지으며 도시락을 건네지요.

집에 돌아온 중학교 소녀는 이제 아예 말도 건네지 않습니다 .

속된 말로 쪽팔림이 굶어 죽는 것보다 괴로운 그 나이, 그 시절에 후줄근한 바지에 땀까지 흘리며 화장하나 안 하고 학교를 찾아온 그녀의 무식하고 무지한 어머니.

어머니는 그런 딸을 바라보며 빙긋이 웃습니다.

'내가 딴 거 다 참고 살 수 있지만 우리 딸 굶는 것은 못 본단다. 미안하다. 그렇게 찾아가서……'

그리고 15년의 세월이 흘렀습니다 .

그 소녀는 대학을 나와, 직장을 다니고 뜨겁게 사랑을 했고, 그래서 결혼을 했습니다.

그리고 결혼 4년째.

부처님 오신 날, 그녀의 어머니는 새벽부터 일찍 일어나 이리저리 무언가를 챙기고 계십니다. 아하! 절에 가시려는 거네요.

목욕을 정갈히 하고, 용돈을 모은 돈을 새 돈으로 바꾸고 집을 나섭니다.

며칠째 어머니는 그렇게 살고 계시네요.

절과 집을 오가며 무엇인가를 하고 계십니다.

도대체 어머니는 무엇을 하고 계신 것일까요?

어머니가 건 연등은 바람 속에서도 불빛이 찬연합니다.

지금이야 연등 속 불이 꺼질 일도 드물긴 하지만 그래도 행여나 어머니는 걱정이 많습니다.

딸의 임신.

지금껏 빌고 또 빌었던 것은 바로 딸의 행복, 딸의 바람이 이루어지는 것, 그 하나였던 것입니다.

변함없는 사랑, 내어주고도 늘 부족한 마음.

어머니의 기도가 새벽 봄 하늘을 날아 저 멀리 여명의 숲속 너머로 흩어집니다.

아기를 기다리는 그녀의 마음속에 훈훈한 바람이 붑니다.

스스로는 그토록 엄마가 되려 노력하지만, 그녀의 어머니는 아직도 그 사랑이 부족함을 이제야 조금 알 것도 같습니다.

그리고 그 사랑이 도대체 얼마나 위대한 것인지, 그녀 역시 정말 경험해보고 싶어집니다.

주사를 맞고, 모니터 속에 생명의 씨앗들이 커나가는 것을 지켜보고 난 며칠 후 배 속은 나의 아가, 우리의 아가, 우리 모두의 희망이 정말 잉태되어 가고 있는지 그녀는 알 길이 없습니다. 어머니의 기도가 어머니의 눈물로 끝나버리지 않았으면 합니다.

그녀는 그동안 너무 자신의 일에만 매달렸다는 생각을 문득 합니다.

하지 말았어야 했던 말, 온갖 짜증과 고통과 슬픔을 엄마에게 내비쳤다는 생각을 문득 합니다. 그래도 그 받아주는 사랑이 있어 여기까지 왔다는 생각 역시 해봅니다.

그리고 전화를 듭니다.

사랑한다는 말을 해야겠다는 생각을 해봅니다.

우리 모두의 영원한 본향은 바로 어머니일 것입니다.

병원을 찾아 그 어머니가 되고픈 많은 분들이 오늘도 저와 마났고,

때론 기쁨의 눈물을 때론 아쉬움과 안타까운 한숨을 짓고 돌아가셨습니다.

오래전부터 항상 어머니와 함께 병원을 다니던 분들이 계십니다.

딸보다 더 깊은 걱정과, 더 진한 한숨과 더 뜨거운 눈물을 흘리시던 분, 바로 어머니입니다. 오늘 비록 아가를 위해 갈 길이 멀고, 그 끝이 언제인지, 기약 없는 여행으로 지치고 버거울 수 있겠지만 전화 한 번 해서 괜시리 목소리 듣고 싶었다고, 우린 잘될 거라고 오히려 어머니에게 용기와 희망을 전해드리는 것은 어떨까요?

오늘 하루가 우리 삶에선 가장 중요한 시간이니, 나의 고통 너머 그 모든 번뇌를 지고 사는 어머니께 사랑한다 말해보시는 것도 아가를 만나러 가는 길에 한 번쯤은 필요한 희망의 언약이라 생각해 봅니다.

모두들 행복한 5월과 결실의 6월이 되길 바라 봅니다.

시험관아기시술 할 때
배려의 힘을 아시나요?

토요일 아침, 창밖에는 비가 올 듯 흐린 구름이 가득하지만 결국 빗방울은 떨어지지 않았습니다.

이처럼 삶도 마찬가지입니다. 예측하기 어렵고, 때로는 기다리던 일이 쉽게 오지 않기도 합니다.

그 속에서 우리를 지탱해 주는 힘은 무엇일까요. 오늘은 그 답을 함께 나누고 싶습니다.

바로, 극강의 배려입니다.

삶을 돌아보면 언제나 쉽지 않은 길이었습니다.

학교를 다니는 것도, 직장을 얻는 것도, 사랑하고 결혼하는 것도 결코 간단하지 않았습니다.

사람을 만나고, 때로는 오해하고 상처받으며, 또다시 화해하고 사랑하며 여기까지 왔습니다.

아마 누구나 그렇게 살아가고 있을 것입니다.

더 슬픈 것은, 세상에는 늘 속이려는 사람들이 있다는 사실입니다. 겉으로는 번지르르한 옷차림과 화려한 언변, 그럴싸한 배경으로 사람들을 끌어들이지만, 결국 남는 것은 상처와 후회뿐입니다. 오히려 배운 사람들이 더 쉽게 속아넘어가기도 하지요. 그래서 인생에서 누구나 한 번쯤은 고통스러운 대가를 치르며, 그 과정에서 중요한 것을 배웁니다. 바로 외적인 화려함이 아니라 마음을 지탱해 주는 내적인 힘이 필요하다는 깨달음입니다.

그 내적인 힘은 흔히 '강한 멘탈'이라고 불립니다. 과거에 매달리지 않고, 타인의 반응에 휘둘리지 않으며, 긍정적으로 세상을 바라보는 태도 말입니다. 하지만 여기에도 양면성이 있습니다. 너무 강해 보이는 사람은 때로 타인의 아픔에 공감하지 못하고, 스스로의 상처조차 제대로 들여다보지 못할 때가 있습니다. 반대로 세심하고 소심한 사람들은 쉽게 상처받고, 늘 걱정하며 자신을 괴롭히기도 합니다. 그러나 그런 마음이 있기에 오히려 문제는 조금씩 풀리고, 관계는 끝내 무너지지 않고 이어집니다.

결국 삶이 우리에게 가르쳐 주는 것은 단순합니다. 강인함만으로도, 섬세함만으로도 충분하지 않습니다. 서로의 다름을 이해하고, 작은 것 하나라도 상대를 먼저 생각하며, 배려의 마음으로 살아갈 때 비로소 우리는 더 단단하고 따뜻한 길을 걸을 수 있습니다.

이 배려의 힘은 특히 부부 관계에서 가장 빛을 발합니다.

시험관아기시술을 준비하며 병원을 오가고, 주사를 맞고, 힘든 하루를 보낸 저녁. 남편이 지친 아내의 다리를 주물러 주거나, 설거지를 대신해 주거나, 따뜻한 위로의 말을 건네는 순간은 단순한 행동을 넘어 큰 힘이 됩니다.

또한 시댁이나 주변의 압박에 힘들어하는 아내에게,

"신경 쓰지 마, 시간이 해결해 줄 거야."

라는 짧은 한마디는 커다란 방패가 됩니다.

아내 또한 남편의 고단함을 헤아리며 "금연이 쉽지 않을 거야. 그래도 조금씩 줄여 보면 좋겠어." 하고 말해 줄 때, 그것은 단순한 이해를 넘어 진심 어린 동행의 표현입니다.

저는 이렇게 생각합니다.

우리가 원하는 결실이 아직 눈앞에 보이지 않더라도, 이 불확실한 시간을 사랑과 배려로 지켜 간다면 종착역은 반드시 있으니 조바심을 버리고 평정심을 견지하면서 주어진 하루하루를 가장 최선을 다해 살아가는 것이 정도일 것이라고.

그리고 이에 더해 어차피 건너야 할 강이고, 반드시 지나야 할 터널이라면, 서로에게 날 선 말과 행동으로 상처를 남기기보다 같은 방향을 바라보며 손을 맞잡고 나아가기를 바랍니다.

내년 이맘때쯤, 아기를 품에 안고 환하게 웃으며 시댁과 친정을 향해 가는 평범하지만 가장 큰 기적이 여러분의 곁에 찾아오길 진심으로 소망합니다

삶이 항상 다른 이에게만 평화롭게 보인다면……

2012년에 본 아름다운 영화 한 편이 생각납니다.

'건축학개론'

뭐 그저그런 청춘물이라 생각하고 보기 시작한 이후 전 많은 상념과 생각에 빠졌습니다.

누구에게나 가슴 아픈 첫사랑이 있을 수 있지만 어긋나고, 헤어지고, 이젠 기억조차 가물가물해져버린 나이가 되면

문득 그 시절이 그리 오래된 시간들이 아님을 느낍니다.

그저 휙하고 지나가버린 느낌이랄까요?

그 많은 시간들 속에서 정말 지나가버린 또 많은 인연들이 있습니다.

영화는 바로 그 인연에 대한 이야기입니다.

십수 년이 지나 등장한 그녀가 남자에게 한 한마디.

'아련하다'

설레고, 눈물나고, 아쉽고, 허망했던 기억들.

그 기억들이 실제하는지조차 알 수 없는 추억의 편린들이 바람에 날리는 하얀 꽃잎처럼 머릿속에 부유하는 순간.

되돌이킬 수 없음에 절망할 이유는 없을 겁니다.

추억이 있음도 아름다운 것이니까요.

많은 사람들이 그러하듯 사랑은 바로 눈앞에 현재 지금 존재하는 상

대방과의 감정입니다.

이루어지지 못함이 더 아쉬울 수는 있지만 그래서 영화 제목이 '건축학개론'일 것 같기도 합니다.

각론에 들어가면 그저 사랑만으로는 해결하지 못하는 수많은 난제들과 만나게 되니까요.

청춘의 사랑은 그래서 바람과 같습니다.

소용돌이치고, 낮게 흔들리고, 이내 사라져버리는 봄날 오후의 바람 말입니다.

그 바람을 잡을 수는 없지만 그 느낌은 내내 오래가겠지요.

우리에게 놓여진 난제는 오늘 이루지 못한 것들로 인해 생기는 불편함과 거북함입니다.

이것이 구직일 수도 있고, 오해로 인한 인간관계일 수도 있고, 부부간의 다툼일 수도 있습니다.

무엇이건 불편한 것은 사소할수록 부부간을 힘들게 합니다.

정말 큰 위협이나 고통은 부부를 합심하게 하지만 사소한 것들은 대개 서로를 고통스럽게 합니다.

왤까요?

세상에 태어나 적어도 한 사람에게만은 무엇이든, 그것이 얼마나 사소하고, 때로는 엉뚱한 것일지라도 이해받고, 위로받고, 위안받고 싶은 것이 바로 사람이기 때문입니다.

그 사소함이 이해받지 못할 때, 우리는 분노하게 되지요.

광고 카피 중에 '로맨스는 짧고, 인생은 길~다'라는 말이 있습니다.

현실에서는 의료비에 주거비에 체면유지비에 치여 살게 됩니다.

아이들이 태어나면 돈은 갑절로 들어가지요.

부모가 두 배로 늘어나니 경조사도 그만큼 늘고 챙겨야 할 식구들도 늘어나고, 싫든 좋든 만나서 부대끼고 괴로워하고, 때로는 웃고 즐거워하며

인생을 살아가게 됩니다.

오늘 건축학개론의 삶을 지나 각론의 현실을 어렵게 온몸으로 부대끼며 살아가고 있는 이 땅의 부부들에게 과연 평온하고 무료한 일상이 얼마나 자주 찾아올지 궁금합니다.

나이 마흔이면 불혹이라고 했는데 요즘은 너무 흔드는 것들이 많아 불혹은 요원한 이야기가 되어 버렸습니다.

그러니 삼십 대를 살아가는 이들의 일상에 평온이라는 단어는 너무 사치스러운 감이 들기도 합니다.

게다가 제가 하고 있는 일이 임신이 되지 않는 분들을 만나 걱정과 한숨과 눈물과… 그리고 불확실한 미래로 인해 생기는 불안함을 듣고, 느끼고, 되새기다 보니 정말 세상사 쉬운 일은 없다는 것을 다시 한번 느낍니다.

병원에 내원한 부부가 있었습니다.

사소한 것들로 싸운다고 했지요.

이분들도 그랬습니다. 병원을 가네, 마네로 한바탕 하고 온 기색이 역력했습니다.

이해가 갑니다.
무어 즐거워 여기를 오겠습니까?
검사를 마치고, 여자분만 다시 진료실에 앉았습니다.
글썽이는 눈물로 한 한마디가 가슴에 내려앉더군요.

"저는 남편에게 산모수첩 한 번 쥐여주는 게 소원인데 밖에는 그런 분들이 여럿 지나가네요."

어린 시절 결핵으로 결핵성 난관염에 걸려 양쪽 난관이 폐쇄되었고, 수술적 교정도 되지 않아 서울에 있는 유명한 불임병원을 수없이 다니고 시험관아기시술도 여러 번 했다고 했습니다.
그 사이 모은 돈은 다 써버리고, 시댁에 간 지도 오래되었다고 하더군요.
이렇게 될지 몰랐고, 웨딩부케를 던지던 순간을 원망한다고도 했습니다.

저는 이런 이야기를 해드렸습니다.
"우리가 우리에게 일어나는 모든 일을 이해할 수도 없고, 조절할 수도 없습니다.
더군다나 그중 가슴 아픈 일들을 미리 피해갈 수는 더더군다나 불가능한 것이지요.
그래서 나이가 들고, 시간이 가면 희로애락 중 아플 애가 가장 많은 부분을 차지한다고도 합니다.
자신을 사랑하지 않고, 자존감이 없는 상태에 빠져드는 것이 가장 무서운 병이지요.

물론 아직 해결되지 않았고, 최선을 다해 노력했는데도 결실의 순간은 오지 않았습니다.

그래서 무서운 것이지요.

그 고통과 불안이 영원할까 봐 말입니다.

그렇다면 이제는 그 불안에서 빠져나올 때입니다.

어려운 이야기지만 사랑하는 사람들과 함께 있는 것만으로도 행복을 느낄 수 있는 그 무언가를 찾아야 합니다.

그 길을 찾으면 평온함이 찾아오지요."

라인홀드 니이버의 〈기도〉란 시에 나오는 글귀입니다.

> '하나님이여,
> 나에게 내가 변화시킬 수 없는 일에 대해서
> 그것을 받아들일 수 있는 평정을 주시고
> 내 힘으로 고칠 수 있는 일에 대해서는
> 그것을 고칠 수 있는 용기를 주시며
> 그리고 이 두 가지 차이를 깨달아 알 수 있는
> 지혜를 허락해 주옵소서.'

아기를 갖는 일은 고칠 수 있는 용기가 필요한 일이지 불가능한 일이 결코 아닙니다.

가족이 선택해서 만나는 것이 아님에 우리가 생각해야 할 것에 대하여

가정의 달 5월을 맞아, 난임 치료와 시험관아기시술을 준비하는 부부들뿐 아니라 우리 모두가 함께 돌아볼 주제가 있습니다. 바로 가족의 의미입니다.

인생에서 가장 행복한 순간이 언제냐고 묻는다면, 저는 늘 "무탈했던 때"라고 말하곤 합니다. 걱정은 늘 있었지만, 시간이 지나고 보면 어떤 것은 해결되고, 어떤 것은 잊히며, 또 어떤 것은 마음속에 품은 채 살아가게 됩니다. 돌이켜 보면 그 모든 순간은 결국 우리를 단단히 성장시킨 시간이기도 했습니다.

가족의 울타리 안에는 따뜻했던 기억도 있지만, 불편하고 불안했던 기억도 공존합니다. 그러나 인간이 가진 가장 위대한 능력은 망각과 용서, 그리고 화해입니다. 아픈 기억조차 결국은 품어내야만 우리의 공동체가 끊어지지 않고 이어질 수 있습니다.

반대로 언제나 포근하고 따뜻한 기억만 지닌 가족이라 할지라도, 그 안에는 다른 집안의 문화와 성향이 스며들 수 있습니다. 그래서 우리는 열린 마음으로 서로를 존중하고, 화합하려는 노력이 필요합니다. 한쪽의 방식만 고집하거나, 자신의 기준으로 타인을 재단하는 순간, 가족은 금세 틈이 생기고 멀어질 수 있기 때문입니다.

예로부터 "발 없는 말이 천리를 간다."라는 속담이 있습니다. 말이 빠르게 전해진다는 뜻이지만, 사실 더 큰 문제는 그 과정에서 증폭되고, 왜곡되고, 감정이 덧씌워진다는 데 있습니다. 부모가 전한 작은 불화가 자녀에게는 큰 불신으로 변하고, 결국 형제 사이, 며느리와 시댁 사이의 갈등으로 이어지는 경우도 많습니다. 사실이 아니어도 말은 쉽게 관계를 망가뜨립니다. 그렇기에 가족 안에서 우리가 가장 먼저 버려야 할 것은 자기합리화와 자기애에서 비롯된 비난입니다.

사람은 바뀌지 않는다고 말하는 이들이 있습니다. 어느 정도는 맞는 말입니다. 그러나 가족 안에서만큼은 다릅니다. 자기희생을 바탕으로 한 용서와 포용은, 시간이 걸리더라도 결국 변화를 만들어냅니다. 단단해 보이는 바위도 낙숫물에 닳듯이, 가족의 진심 어린 사랑은 언젠가 상대의 마음을 움직이고 관계를 회복시키는 힘이 됩니다.

고대 그리스의 잠언에도 이런 말이 전해집니다.

"가장 강한 것은 쇠가 아니라 물이다. 쇠는 물에 녹고, 물은 시간이 지나 바위를 깎아낸다."

가족의 사랑과 인내도 이와 같습니다. 즉각적으로 눈에 띄는 변화는 없지만, 시간이 쌓이면 결국 가장 단단해 보이는 마음의 벽조차 허물어냅니다.

그렇기에 여지가 있다면, 우리는 서로에게 기회를 주어야 합니다. 설령 실망스러운 일이 있었다 하더라도, 한 번 더 품어주고, 한 번 더 기다려 주는 것. 그것이야말로 우리가 사는 보금자리를 지켜내는 길입니다.

저는 환자 부부들을 진료하면서 종종 이런 생각을 합니다. 시험관

시술 과정 속에서 다툼과 오해가 생기기도 하지만, 결국 서로에게 따뜻한 말 한마디, 작은 배려가 긴 여정을 버텨내게 합니다. 가족 역시 마찬가지입니다. 완벽하지 않아도, 한 사람의 희생과 용서가 또 다른 누군가를 변화시킵니다.

결국 가족이란, 선택할 수 없기에 더 깊이 품어야 하는 존재입니다.

우리는 늘 같은 길을 걷지는 못하지만, 서로에게 내어주는 작은 틈과 온기로 다시 이어질 수 있습니다.

당신이 사랑하면서 살아야 할 이유

별이 하늘을 향하여 난 창문 틈으로 빛납니다.

그 빛은 깜박이며 눈부시기도 하고, 박하 향이 나면서 다크 초콜릿처럼 씁쓸하면서도 달콤하게 다가옵니다. 산들바람은 새벽의 창문을 살며시 흔들고, 그 바람에 언덕의 세쿼이아는 몸을 흔들며 그늘을 드리웁니다.

저는 온전히 자유로운 생각과 느낌으로 대지를 딛고 서서 그 빛을 바라봅니다.

수억 년 전 별을 떠나 이제야 지구라는 행성에 도착한 그 빛을 말입니다.

우리는 사실 이미 사라져버린 별의 향기를 맡고 있는지도 모릅니다. 우리가 앞으로 그리 될 것처럼 말입니다.

향기 나는 사람! 얼마나 좋은 일입니까.

삶은 항상 미래를 향해 기차처럼 내달리며, 그 스쳐 가는 찰나를 우리는 오늘이라고 부릅니다. 모든 오늘을 다 기억할 수 없는 까닭에 대부분의 삶은 어제 또는 과거라는 이름으로 묶여 시간 속에 사라집니다. 별이 밝음 속으로 사라지듯이 말입니다.

그래서… 그리하여서… 우리는 더욱 오늘을 사랑해야 하는 것인지도 모르겠습니다.

하지만 모든 이의 오늘이 그리 순탄치만은 않기에, 이루지 못한 꿈이 서럽고, 불확실한 내일이 두렵고, 사라져 내 눈앞에 보이지 않는 수많은 것들이 아쉽습니다.

안나 저스티스 감독의 〈리멤버〉라는 영화가 있습니다.

1944년 폴란드 감옥에서 폴란드인 남자 죄수와 사랑에 빠진 유대인 여자의 이야기입니다.

탈출 후 남자의 어머니는 유대인 여자를 며느리로 삼을 수 없어 거짓으로 여자의 죽음을 가장합니다. 헤어짐. 그리고 수십 년의 시간이 흐른 뒤, 여자는 남자를 텔레비전에서 발견합니다. 연락이 닿고 둘은 다시 만나게 되지요. 영화는 그 만남의 장면에서 끝이 납니다.

겨우 네 줄짜리 줄거리이지만 남자와 여자가 다시 만나기 전까지가 진짜 여자의 내면을 보여주는, 감독이 전하고자 한 이야기였습니다.

그들은 이루어지지 않아서 서러운 것일까요? 평범한 부부가 되었을 수도 있었을 텐데 말입니다.

전쟁이라는 극한의 상황과 사랑.

어울리지 않는 조합들이 삶 속에서 종종 아름다운 결실을 맺곤 하지만, 이 영화를 보는 내내 저는 먹먹한 아쉬움과 꼬여버린 과거를 어찌할 수 없음에 안타까움을 느꼈습니다.

우리 모두는 비단 이런 사랑뿐 아니라, 진로와 미래, 친구 사이와 부모 사이… 모든 관계와 계획의 비틀림 속에 살아갑니다.

끊임없이 그를 생각했을까요?

여자의 시선 속에서 영화는 흘러갑니다.

남자는 죽었다고 생각했던 여자의 전화를 받고 과연 어떤 생각을 했을까요?

무엇이 이들을 극단의 고통으로 몰아넣었을까요.

죽음을 가장했던 남자의 어머니로 인해 이 남자는 더 행복해졌을까요, 아니면 최소한 살아남았던 것일까요.

과거와 역사를 가정할 수 없다는 것은 그래서 늘 슬픕니다.

시간은 흘러 폭염은 과거가 되었습니다.

우리는 또 한 번의 겨울을 맞이할 것입니다.

늘 그렇듯 차가운 공기와 서늘하고 낮은 대기 속을 부유하는 잿빛 구름이 우리를 겨울로 인도할 것입니다.

가을은 모든 이에게 그래서 소중합니다.

오늘, 그것이 사랑이든, 이루지 못한 꿈에 대한 집착이든, 도달하지 못한 것들에 대한 아쉬움이든 이제 놓아야 합니다.

사랑은 사랑하던 순간 속에 존재하며, 그 순간들은 우리가 늘 맞이하는 내일의 또 다른 부분들이며 다른 이름입니다. 그러므로 아쉬운 마음 또한 그 시간의 굴레 안에 넣어 보내야 합니다.

사랑은 한 번뿐이었다고 외치는 이들에게, 사실 사랑은 존재하지 않았던 것입니다.

마지막으로, 우리가 지나간 별의 흔적을 보듯 사실 우리는 우리가 남긴 흔적들 속에서 추억이라는 것을 끄집어내 기억합니다.

먼 훗날 제가 별 뒤의 먼지로 흩어진 뒤, 저를 기억할 사람들이 얼마나 있을지 알 수 없습니다. 그리고 그들의 흔적마저 사라지면 저는 영원히 사라지겠지요.

그래서, 그래서 오늘이 소중합니다.

시술 과정이 힘들고 '왜 나에게 이런 일이 생겼는가' 억울한 마음이 드실 수도 있겠지만, 어쩔 수 없는 운명이라면 받아들이고 잘 해결되기를 기도할 뿐입니다.

그러니 오늘 하루 무탈하게 지나감을 감사히 여기시길 바랍니다. 결국은 다 잘 해결될 테니까요.

별이 보내는 '별빛'은 몇 억 광년 전의 것이 틀림없습니다. 빛의 속도로 계산했을 때 말입니다. 그래서 별은 이미 사멸해 없어지고 빛만 남은 경우가 많습니다. 사람이 이름을 남기고 추억을 남기는 것과 같습니다.

〈리멤버〉라는 영화의 제목 remembrance는 단순한 '기억'이 아니라 '추억'이 더 적절합니다. 혹은 '향수'라고 불러도 좋습니다.

부부가 된다는 것이 얼마나 큰 기적인지에 대해

#시험관아기시술 하는 도중 부부의 의미를 묻는 당신에게

아마도 아주 오랜 시간이 흐른 후, 새벽의 여명 속에 작고도 희미하게 깜박이던 별빛이 서서히 사라지듯, 우리 모두 역시 언젠가는 이 별의 자리에서 조용히 먼지로 흩어지게 되겠지요.

그렇게 생각해 보면, 우리가 이 세상에서 맺는 모든 인연들, 특히 사람과 사람 사이의 만남은 실로 얼마나 소중한 것인지 새삼스레 느끼게 됩니다. 이 광활한 시간과 공간 속에서, 70억 명이라는 인구 가운데 우리가 서로를 만나게 되었다는 사실은 그 자체로 기적입니다.

그중에서도 부부란 참 특별한 인연입니다.

인도 불교에는 '겁(劫)'이라는 말이 있습니다. 상상조차 어려운 시간을 뜻하는 단위인데요, 이를테면 지름 12.8km의 쇠구슬이 천년에 한 번 떨어지는 빗방울에 의해 닳아 없어지는 데 걸리는 시간이 바로 한 겁이라 합니다.

그리고 부부가 되어 인연을 맺는 데에는 무려 여덟 겁의 시간이 필요하다고도 전해집니다.

처음부터 불가능한 일이 일어난 것이지요.

우리는, 그렇게 어렵게 만난 사이입니다.

그러니, 얼마나 소중합니까.

부부가 되어 함께 살아간다는 것은, 맞지 않는 수많은 것들을 하루하루 조율해가는 일입니다.

치열하고 팍팍한 세상 속에서 각자의 몫을 감당하며 살아가야 하는 우리들.

때론 사랑도, 함께한 시간의 의미도 멀어지고 잊히기 마련입니다.

성취했던 작고 소중한 기억들도, 남과 비교하는 순간 너무도 보잘것없이 느껴지곤 하지요.

그래서 문득 묻게 됩니다.

"우리는 지금 무엇을 향해, 어디쯤을 걷고 있는 걸까?"

"앞이 보이지 않는 이 길 위에서, 우리는 과연 어떻게 나아가야 할까?"

한 사람이 태어나 사랑과 인격을 지닌 존재로 살아간다는 것, 그것은 많은 고난을 견디며 마음속 고귀한 씨앗을 지켜내는 일입니다.

그리고 부부는, 그 씨앗에 물을 줄 수 있는 유일한 존재입니다.

부모도, 친구도, 이 세상 그 누구도 대신할 수 없습니다.

단 하나, 그 사람만이 할 수 있는 일입니다.

그러니, 얼마나 소중한 존재입니까.

저도 어릴 적엔 제가 옳다고만 생각했습니다.

지금에야 돌아보면, 참 많은 순간들이 부족했고, 잘못했고, 고집을 부렸습니다.

한숨 쉬며 문득 깨닫습니다.

상대방이 맞았고, 옳았고, 훨씬 더 현명했던 것이지요.

부부라면 크고 작은 갈등이 생기기 마련입니다.

때론 시간이 해결해 주기도 하지만, 어떤 문제는 우리를 막막하게도 합니다.

그러나 같은 곳을 바라보는 부부는 결국 함께 나아갑니다.

반복되는 말만 되풀이하다 보면 길은 점점 더 험해질 뿐이지요.

전쟁 중에 같은 편에게 칼을 들이대는 우를, 범하지 말아야겠습니다.

서로 전혀 다른 환경, 가치, 문화 속에서 자라나 만난 사람들이니 생각이 늘 같을 수는 없습니다.

그럼에도 시간을 들여 서로를 이해하려는 마음이 있다면, 우리는 조금씩 가까워질 수 있습니다.

세상의 모든 이가 서로에게 구원자가 될 수는 없겠지만,

적어도 아내는 남편에게, 남편은 아내에게, 손을 내밀어줄 수 있는 단 한 사람입니다.

지금 이 순간에도 아가를 기다리는 난임 부부들은 수많은 감정 속에서 민감한 나날을 보내고 있습니다.

마음 아픈 날도 많을 것입니다.

그러나, 지금 이 시간은 분명히 지나갑니다.

힘든 것과 안 되는 것은 다른 문제입니다.

때로는 버겁고 번거롭더라도, 그 길의 끝에는 분명히 햇살 한 줄기가 기다리고 있을 것입니다.

저는 그 여정을 함께 걷는 난임 의사로서,

당신의 걸음에 늘 따뜻한 격려의 박수를 보내며,

그 도착점이 하루라도 빨리 찾아오길 진심으로 기원합니다.

가을은 천천히 겨울로 가고,

겨울의 기나긴 그림자 속에서도

햇살은 결국 다시 떠오릅니다.

불확실성과 고통의 시간이 아직 끝나지 않았지만,

이 시련조차 언젠가 터널의 끝에서 희미한, 하지만 분명한 여명의 불빛으로 변하리라 믿습니다.

부디 여러분, 건승하시길 바랍니다.

그리고 늘 곁에 있는 단 한 사람을 기억해 주세요

그 사람은,

여덟 겹의 시간을 건너 온 단 하나의 기적이기 때문입니다.

신께서 좌절과 포기의 강을 건너게 해 주려고 주신 선물이기도 하구요.

엄마의 아들에서 아내의 남편으로 다시 태어나는 법

한겨울이었습니다.
눈이 펑펑 내리던 날, 당신은 아내의 손을 처음 잡았습니다.
서툴지만 따뜻한 교감들이 서로 오가던 시간들,
우리는 서로의 인생에 들어오기로, 함께 걷기로 약속했습니다.

어린 시절, 당신은 아빠와 엄마의 품에서 자랐습니다.
목소리만 들어도 위로받고,
잘못해도 안아주는 그 무한한 사랑 속에서
늘 "괜찮아"라는 말 속에 숨을 쉬었지요.
그러나 이제 당신은 한 여자의 남편이 되었습니다.
더 이상 '엄마의 아들'로 머물 수 없습니다.
당신을 믿고 평생을 함께하자고 손을 내민
그 사람의 남편으로
이제 다시 태어나야 합니다.

사소한 다툼을 마치 별일 아닌 듯
엄마에게 미주알고주알 털어놓는 일,
그 속에서 아내는 몇 날을 자책하고
자신이 틀렸던 걸까, 더 조심해야 했던 걸까.
가슴에 맷돌이 얹힌 것처럼 먹먹해 울고 또 웁니다.

사회생활이 바쁘다는 이유로
아내는 집안일과 시술을 병행하고 있는데
당신은 '힘들다'는 말을 입에 달고 다니며
늦은 귀가와 함께 만취해 귀가하는 날이 잦고,
금연은 내일부터, 영양제는 선반 위에 외로이 외면당한 채 남아 있습니다.

아이를 갖기 위해
몸을 깨끗이 하고 마음을 정화해야 하는 시간들,
그 상황들 속에서 당신은 과연, 얼마나 같이, 얼마나 열정적으로, 어떻게 행동으로 보여주며 동행하고 계신가요?

"아기가 꼭 필요한 건 아니지."
이 말을 들은 아내는 아무 말도 하지 않습니다.
그러나 조카를 볼 때면
얼굴에 번지는 당신의 미소를 보면,
그 말이 진심이 아니었음을,
또 얼마나 혼란스러워하고 있는지를 아내는 알고 있습니다.
아내에게 과도한 스트레스가 갈까 봐 하는 배려의 행동이지만
그 과도함과 내면의 진실을 마주할 때마다 아내는 그저 더 슬퍼집니다.
차라리 솔직했으면 좋았을 텐데 하며 말입니다.

"네가 하라니까 한 거지."
"내가 뭘 그렇게 잘못했냐."
어느 날 툭 던진 그 말들은

비수처럼 날아와 아내의 가슴에 꽂힙니다.
사과는커녕, 다음 날엔 아무 일 없다는 듯
당신은 유튜브 영상 속 볼륨 소리를 높입니다.

남편이 된다는 것은
단지 함께 사는 사람이 되는 게 아닙니다.

진정한 남편은
이끌려 가지 않고, 함께 이끄는 사람입니다.
감정의 끝에서 흔들리는 아내를 먼저 안아주는 사람.
문제 앞에서 함께 고민하고,
"어떻게 할까" 대신 "같이 풀어보자" 말하는 사람.
그런 당신을, 아내는 기다리고 있습니다.

눈 펑펑 내리는 한겨울을 같이했고,
개나리 흔들리고, 유채꽃 마중 나오던 봄도 함께했으며,
뜨거운 사하의 태양 아래 남도 바다의 여름 바람도 같이 맞았고,
그래서 다가오는 결실의 계절 가을엔
둘을 똑같이 닮은 정말 예쁜 아가를
품에 안아보길 소망해봅니다.

그 아가는
단지 기다림의 끝에 오는 선물이 아닙니다.
서로가 서로에게 내민 이해와 인내,
그리고 깊은 사랑이 만든 평범한 기적일 것입니다.

이제, 엄마의 아들로 살던 그때는
고이 접어 마음의 서랍에 넣어두세요.
당신은 이제
한 사람의 아내에게, 전부인 사람입니다.
그리고 부디 잊지 마세요.
그녀는 지금도 당신을 기다립니다.
매일매일 그랬듯, 인생의 저 마지막 시간까지도
사랑과 연민의 마음으로 기다릴 겁니다.

2. 작은 기적을 기다리는 길 위에서

시험관아기시술하시는 부부들에게 전하는 선물 같은 이야기

이야기의 시작은 〈인디언〉이란 영화입니다.

인디언이 나오는 영화라 생각하실지 모르지만 사실 인디언은 오토바이 이름입니다

안소니 홉킨스가 노년에 주연한 영화 〈인디언〉에서 옆집 사는 소년과 그의 오토바이 창고에서 이런 말을 합니다.

"애야, 위험이란 것은 말이다.
때론 삶의 활력 같은 것이란다.
가끔은 위험도 감수할 수 있어야 하지.
그래야 세상살이가 살 맛이 나거든."

그는 70이 넘은 나이에 협심증까지 앓고 있으면서 오래된 오토바이를 몰고 영국에서 미국의 경주장을 찾아가는 여정을 시작합니다.

누구에게나 시작은 쉽지 않지요.

모르는 것들로 인한 어리숙함이 주는 버거움과 그로 인해 생기는 더딘 진행 속도로 인한 두려움.

실패할지도 모르는 길을 걸어가면서 대안이 없어 생기는 불안함.

하지만 행동하기 전에 주어지는 것은 없다고들 합니다.

한 걸음이라도 내디뎌야 하고, 하나라도 손에 쥐려고 두 손을 내밀어야 비로소 결실의 실타래가 풀리기 시작하는 것이지요.

우리는 때로 곤경에 처합니다.

도와줄 사람들이 있을 수도 있고, 도와줄 성격의 것이 아닌 경우도 있고, 시간이 해결하는 것들도 있습니다. 전혀 예기지 못한 일들로 인해 어려운 상황에 처해 있을 때 여러분들은 어떻게 해결책을 찾으시나요?

논리적인 사람들은 일이 시작된 원인과 과정을 유추하고, 잘못된 것이 무엇인지 조사하고, 어떻게 하면 피해를 최소화할지 연구할 수도 있을 것입니다. 종교인들은 기도를 하겠지요. 소심한 사람들은 일어나지도 않을 온갖 걱정으로 뜬눈으로 밤을 지새고, 한숨으로 하루를 시작할 수도 있을 겁니다. 무딘 사람들은 더 악화되고 있는 것도 모른 채 희희낙락하며, 걱정 없이 잠자리에 들겠지만 다음 날 또는 다음 달에는 훨씬 더 좋지 않은 소식에 낙담할 수도 있을 것입니다.

우리는 모두 많은 뒤섞인 성격과 인격 성향을 가지고 있습니다.

또한 누군가에게 그러한 영향을 주기도 하고 받기도 합니다.

매일 불안해하고, 패배주의적인 말만 하는 사람들과 같이 있으면 어느새 그 검고 눅눅한 기운이 내 영혼을 물들입니다. 되지 않은 것들이 당연해 보이고, 미래의 삶은 우울하고 어두우며, 차갑게 느껴지곤 하지요. 기뻐해야 할 순간도 불확실한 미래가 주는 불안함으로 인해 그저 스쳐가는 사건 정도로 폄하되어 사라집니다.

긍정적이고, 낙천적이며, 밝은 사람들과 함께 있으면 세상은 조금 더 환해지고, 마음속은 비록 현실은 그렇지 못하더라도 내일은 좀 더

나을 것이라는 긍정의 힘이 가득해져 기쁨과 설레임이 넘쳐납니다.

곤경에 처해 있을 때 우리가 해야 할 일은 자명합니다.

더 악화시키고, 더 괴롭히고, 더 힘들게 하는 사람들을 떠나십시오.

해보지도 않고 최악의 상황을 상정해 마치 위해주듯 말의 배설을 일삼는 이들을 떠나셔야 합니다.

책임지지 않을 말들과 출처를 알 수 없는 전해들은 말들, 그리고 스스로의 어두운 영혼의 터널 속에 더 음울하게 각색된 실패의 스토리를 늘어놓는 사람들을 진정으로 떠나셔야 합니다.

곤경에 처해 있을 때 우리가 해야 할 또 하나의 일은 나를 사랑하는 것입니다.

우주가 탄생하는 것보다 더 가치 있는 것은 바로 내가 태어난 것입니다.

키가 좀 작고, 머리가 좀 크고, 공부를 좀 못하고, 배가 좀 나왔으면 어떻습니까?

끊임없이 비교하고, 경쟁하고, 으스대고, 누르고 밟고 비틀어 대는 이들의 혼자 남은 저녁을 들여다본 적이 있나요? 세상은 그들이 위너이고, 우리가 루저 같지만 사실 그렇지도 않습니다.

최근의 영화 〈스크루지〉를 보셨나요? 찰스 디킨스가 그 소설을 쓴 이유는 아이들이 읽으라고 한 것이 아닙니다. 어떻게 사는 것이 참된 삶인지를 보여주려는 의도이지요. 그 소설 속의 스크루지는 위너처럼 보이지만 퇴근한 집의 침실 의자에 걸터앉아 침묵과 고요가 주는 공포보다 더 무서운 외로움이라는 것을 절실하게 느끼며 지새는 그의 하루를 보면 그야말로 진정한 루저라 생각됩니다.

아기 낳는 일이 늦어지고 있습니다.

생각대로 되질 않습니다.

내 탓인 것 같아 억울합니다. 분노가 치밉니다. 왜 하필 나인지 알 수가 없습니다.

이런저런 생각으로 몇 날, 몇 달이 지나가면 분노는 자책이 되고, 스스로가 미워지곤 합니다.

그리곤 이내 슬픔이 밀려옵니다. 당당하게 버텨왔던 결혼 후 몇 년의 세월이 무거운 짐이 되어 어깨를 짓누릅니다. 숨을 쉬기가 버거워집니다.

하지만 이렇게 끝낼 수는 없는 일입니다.

용기를 내고 현실을 직시하고 이 상황을 인정합니다.

그리고 해결책을 찾기 위해 노력을 시작합니다.

좋다는 한약을 먹고, 운동을 하고, 남편은 술과 담배를 끊습니다.

병원을 가서 검사를 하고 날을 맞춰 부부관계를 시작합니다.

참으로 어려운 일입니다.

꼭 그런 날 남편은 회식을 하고, 직장 상사는 보내줄 생각을 하질 않습니다. 본인의 애는 학원에 있어서 가봤자 텔레비전만 보다 잘 판이니 심심풀이로 데리고 있습니다.

또한 그런 것을 날을 맞춰 숙제를 해야 한다는 것 자체가 너무도 싫은 부부들도 있습니다.

그래도 도리가 없는 일입니다.

그리고 또 시간이 갑니다.

가을이 저물고, 낙엽은 바람에 실려 조용히 땅에 내려앉습니다. 키 높은 플라타너스 숲 너머로 물푸레향을 머금은 잿빛 구름이 밀려오더니, 이내 굵은 빗줄기를 쏟아내며 계절을 재촉합니다. 그렇게 비가 그치고 나면, 어느새 겨울의 차가운 기운이 우리 곁에 와 있습니다.

달력은 마지막 페이지를 향하여 달리고, 11월은 언제나 그렇듯 휴일 하나 없이 빠듯하게 스쳐 지나갑니다. 돌아보면 그저 하루하루를 살아낸 것 같을 뿐인데, 시간은 이미 우리 모르게 저만치 앞서가 있습니다. 그렇게 계절이 바뀌고 나면, 어느새 마지막 달 12월이 손 닿는 곳에 와 있음을 깨닫게 됩니다.

하지만 우리에겐 아직도 해결되지 않은 것들이 남아 있습니다.

그 결실의 순간이 오기는 하는 것일까요?

알 수 없는 미래와 결실의 시간을 간절히 기다리는 2024년의 마지막 달이 저물어 가고 있습니다.

하지만 간절히 바라면 이루어진다고 했던가요?

비록 지금은 여러모로 어렵고 힘든 상황이지만 위에서 말한 것처럼 긍정의 힘으로 마음속을 가득 채우고 잘 될 것이라는 믿음을 가지고 끝까지 잘 헤쳐 나갔으면 하는 바람을 가져 봅니다.

세상에 어려운 것들이 참으로 많지만, 아가를 기다리는 그 심정, 그 갈라진 마음속에 단비가 주룩주룩 내리는 기쁨의 눈물이 왈칵 쏟아지는 환희와 감격의 순간이 하루 빨리 오기를 진심으로 바랍니다. 늘 말씀드리지만 세상은 위험과 곤경과 실패에 수없이 노출되어 있습니다. 그를 통해 우리는 진정 일어서는 법을 배웁니다. 넘어지는 아픔이 있기에 걷는 기쁨을 알게 됩니다. 아기를 기다는 시련의 시간이 있기에 더 훌륭하고 멋진 엄마, 아빠가 되리라 저는 믿습니다.

혹 실패하고

절망에 빠졌더라도

당신을 알고 있는 사람들을
떠올려 보세요.

그리고 용기를 내세요.
틀림없이 그들 중 누구에게
당신은 정말
희망이 되는 존재이기 때문입니다.

시험관아기시술하면서
걱정이 너무 많은 당신에게…

글의 말미에 도착할 때 안도감과 희망이 생긴다면, 그래서 이 글이 당신의 인생 글이 될 수 있다면 좋겠습니다.

아마도 많은 시간이 흐르면 새벽의 여명에 작고도 희미한 별빛의 깜박거림이 사라지듯이 우리 모두 이 별의 자리에서 먼지로 사라지겠지요.

그러한 면에서 보면 모든 것들과의 연, 특히 사람과의 인연은 정말 소중한 것 같습니다.

같은 시, 공간에서 존재하기도 가능성 제로에 수렴하거니와 70억 명 중에서 서로를 만난 것이기 때문입니다.

특히 부부는 더 특별합니다.

과학자들은 흔히 '우연의 교차'를 말합니다. 수많은 변수들이 겹쳐 단 한 번의 선택이 달라졌다면 지금의 우리는 만나지 못했을지도 모른다고 하지요.

어쩌면 서로 다른 길을 걸었을 수도 있는 두 사람이 같은 길 위에 서게 된 것, 그것이 바로 부부라는 인연입니다.

수많은 경우의 수 중에서 단 하나의 답을 찾아낸 기적 같은 일입니다.

우리는, 우리는 이렇게 만난 사이들입니다. 그러니 얼마나 소중합니까?

부부가 되어 맞지 않는 수많은 것들을 조율해가면서, 그리 만만치 않은 삶 속에서 자신의 몫을 해내기 위해 살아갑니다.

그러다 보니 사랑은 치열한 경쟁의 공간 속에서 아득히 멀어지는 추억으로 기억되고, 작더라도 성취했던 시간들 역시 더 큰 타인의 성공 속에서 보잘것없이 느껴지곤 합니다.

우리는 무엇을 위해, 어디쯤 서 있는 것일까요?

누구도 대신 대답해 줄 수 없는 많은 상황들을 다 어찌 해결하면서 지나가야 할까요?

한 사람이 태어나 인격과 사랑을 가진 사람으로 커나가다가 수없이 많이 크고 작은 유탄을 맞다 보면 그가 가진 고귀함과 고결함의 씨앗들이 말라버릴 수 있습니다.

부부의 상대방은 이 씨앗들에 물을 주는 사람입니다. 그 사람만 할 수 있는 일이지요.

부모님도 할 수 없고 이 세상 단 한 명입니다.

그러니 얼마나 소중합니까?

저는 제가 어렸을 때 다 제가 맞는 줄 알았습니다.

대개 다 틀렸고, 잘못 행동했고, 우겼고, 토라졌던 것들을 이제야 깨닫고 쓰고도 긴 한숨을 쉽니다. 상대방이 맞았고, 옳았고, 현명했던 것이지요.

우리, 부부들에게도 항상 어떤 문제든 발생하기 마련입니다. 그 문제는 시간이 가면 해결되기도 하지만, 막막할 수도 있습니다. 같은 곳을 바라보는 부부는 대개 잘 해결합니다.

같은 말만 반복하는 부부는 헤쳐 나가야 할 길이 험해질 뿐입니다. 전쟁에서 동지와 싸우는 우를 범하면 안 되겠지요.

다른 환경, 다른 부모, 다른 문화에서 살다 만났으니 의견이 서로 다른 날이 없으면 그게 더 이상한 것이구요. 시간이 필요합니다. 모두는 모두에게 구원자가 될 수는 없지만 적어도 아내와 남편은 그들 서로에게 구원의 손길을 내밀 수 있습니다.

아가를 기다리는 난임 부부들 역시 민감하고, 해결되지 않음에 마음 아픈 날을 지내고 있습니다. 그럴수록 흔연히 이 시간들도 지나갈 것임을 믿어야 합니다. 번거롭고 버거운 것과 안 되는 것은 다른 것이니 말입니다.

종착역을 향해 힘든 발걸음을 내딛고 있는 난임 부부의 여정에 함께 하는 난임의사로서 늘 격려의 박수를 보내며 도착하는 그 순간이 빨리 찾아오시길 빌어봅니다.

겨울은 춥고 뉴스 속의 현실은 참혹하기만 합니다.

오늘 뉴스 화면 속 터키 지진 잔해에서 간신히 살아남은 저 작은 아이는 앞으로 어떤 삶을 살게 될까요?

코로나바이러스는 아직 우리 곁을 맴돌고 있습니다.

물가는 오르고 난방비도 오르고 전쟁은 여전히 현재 진행 중입니다.

하지만 늘 그랬듯이 이 시간이 지나고, 죽을 것 같은 이 고통의 시간이 지나고 터널의 끝에서 작고 희미한 햇살 한 줌을 보게 될 것입니다.

영화 〈패신저스〉에서 서빙 로봇 아서는 인간 여행객인 주인공이 너무 빨리 혼자서 동면에서 깨어나 90년을 이 큰 우주선에서 혼자 지내야 한다는 공포에 시달리자 이렇게 말합니다.

"당신은 지금 있어야 할 곳에 있지 않아 걱정일 겁니다.

하지만 손가락 하나 튕겨 원하는 곳으로 가더라도 비슷한 느낌을 또 받을 겁니다.

당신은 가야 할 곳에 집착한 나머지,

당신이 지금 있는 곳을 활용할 방법을 잊어버린 겁니다.

통제할 수 없는 것까지 걱정하지 마시고 지금 할 수 있는 것을 하고 즐기세요."

요즘 챗GPT라는 자연어 검색 및 인공지능 답변 시스템이 어마어마한 인기를 끌며 제5혁명이 일어날 것 같은 분위기입니다.

아서라는 이 로봇 안드로이드가 한 말… 여러분은 어떻게 생각하시나요?

꿀통에 골프공을 넣었습니다. 15개 정도 들어가니 꽉 차네요. 정말 꽉 찬 건가요?

작은 자갈돌을 그 사이에 넣었더니 100개 넘게 들어갑니다. 이제 꽉 찬 건가요?

모래를 부었더니 모종삽 하나 정도의 모래가 들어갑니다. 진짜 다 꽉 찬 거 맞죠?

여기에 물을 부었더니 100cc 넘게 들어갑니다. 이제야 어느 정도 꽉 찼네요.

골프공은 건강과 사랑과 가족입니다.

자갈돌은 취미와 직업과 관계입니다.

모래들은 사소한 일과 계획 그리고 버킷리스트같이 안 되어도 희망해 보는 것들입니다.

마지막으로 물은 우연히 또는 없어도 될 듯한 것들입니다.

우리가 꿀통에 반대의 순서로 무엇을 넣을 수 있을까요? 불가능합니다.

물 다 붓고 흙을 부으면 바로 넘칠 테니까요.

너무 사소하고 무시해도 되고 하찮은 수많은 것들에 치여서 나는 나의 계획, 나의 사랑, 나의 가족 그리고 가장 소중한 건강을 뒷전에 두고 있지는 않나요?

여기서 꿀통은 다 알다시피 나 자신입니다.

어떤 순서로 이 꿀통을 채울지는 나와 여러분의 몫입니다.

한 말씀만 더 하죠.

아마 우리 모두의 현실에서는 해결하지 못한 일들이 눈앞에 보일 겁니다.

머릿속을 부유하고 있을지도 모릅니다.

꿈에도 나타납니다.

그래도 뭔가 하고 있습니다.

노력하고 있는 거죠.

마음에 다 들지는 않을지도 모릅니다.

그래도 그래도 한 걸음씩 내딛고 있는 거랍니다.

미래에 일어날 사실을 현재의 내가 믿어야 합니다.

나도 믿어주지 않는 나의 미래를 누가 믿어주겠습니까?

시험관하다 포기가 떠오를 때

차가운 북극의 공기가 널따란 만주평야를 거쳐 서늘하고 차가운 겨울을 또 한 번 밀어붙이려 몰려들고 있습니다. 나뭇잎은 품었던 하늘을 뒤로하고 자유낙하 중이고, 그 잎들은 화려했던 여름과 절실했던 가을을 추억하며 바람에 날려 사라집니다.

봄은 너무 건조했으고, 여름은 너무 많은 비로 슬펐으며, 가을은 말라버린 과일나무와 논밭으로 암담했습니다.

참으로 알 수 없는 시간들이 지나가고 있습니다.

자신의 삶을 바라보는 시각이 그 사람의 역사라고 생각합니다.

시련과 고통 속에서 왜 나에게 이런 일이 일어나는지만을 묻고 있는 사람과 어떻게 잘 헤쳐나갈지를 고민하는 사람의 차이는 매우 큽니다.

자신의 어깨에 놓인 짐의 무게의 총량은 대개의 사람들에겐 비슷할 것이라 믿고 오늘 많은 짐을, 버거운 무게를 버티면 내일은 그만큼 홀가분해질 것이라 생각하며 걸어가야겠습니다.

시대가 바뀌고 있습니다.

문화·기술적 혁명이 있을 때는 더욱 그렇습니다.

어르신들은 스마트폰 처음 나왔을 때 다들 외면했지만 10여 년 지난 지금은 대부분 사용을 잘 하고 계십니다.

유통 매장도 이젠 다 온라인으로 넘어가고 있습니다.
광고도 홍보도 길거리에서 하는 시대가 저물고 있지요.

세상은 매우 좁아지고, 이해관계는 매우 상충될 가능성이 높아지고 있습니다.
돈의 가치는 떨어지고, 자산의 가치가 상승하며, 무엇을 사든 오늘은 어제보다 비싼 세상이 와버렸습니다.

이러한 때에, 불확실성의 시대에 우린 어떻게 살아야 하는지 너무도 궁금합니다.

저는 이렇게 생각합니다.

"걱정과 고통과 행복함이나 무료함이나 다행감을 같은 바구니에 두지 말자."

걱정이 있는 시간들이 지속될 때 찾아오는 행복한 순간을 느끼지 못한다면, 모든 걱정과 슬픔이 사라진 시간들에만 행복과 즐거움을 느낄 수 있다면 그 것은 매우 불행한 삶이 될 수밖에 없습니다.

지루한 장마통에 언뜻 찾아온 찰나의 햇살, 먹구름 사이로 잠깐 비추는 그 햇살을 우리는 눈으로 볼 수 있지 않습니까?

그래서 걱정은 걱정대로, 행복은 행복대로 다른 바구니에 담고 살아야 다시는 찾아오지 않을 아름다운 이 하루를 내일의 걱정으로 오염시

키지 않을 수 있게 됩니다.

근육을 단련해서 무거운 물건을 들고, 달리기를 하듯 뇌근육도 훈련으로 충분히 긍정적인 반응과 관망하는 자세를 견지할 수 있을 것입니다.

명상이든, 요가든, 종교든 또는 사랑하는 사람이든 영향을 받고, 좋은 쪽으로 피드백이 되도록 반복적으로 노력할 필요가 그래서 있는 것입니다.

그래서 미래에는 어떤 일이 찾아와도 지레 겁먹지 않고, 너무 놀라지 않고, 관망하는 자세로 차분히 대처하는, 보다 성숙한 인간이 되도록 노력해 보는 게 중요하다고 생각합니다.

오늘 배아이식을 하고 며칠 밤이 지난 지금.

알 수 없음에 걱정이 생기고 실패에 대한 두려움에 잠 못 이루는 지금, 우리에게 진정 필요한 것은 이러한 순간들이 지나고 결실의 시간이 찾아올 것이라는 평범한 믿음입니다.

걱정과 번민과 불확실성이 주는 두려움이 당신의 머릿속을 부유한다면 이렇게 한 번 생각하시고 잠자리에 드시면 좋겠습니다.

"난 최선을 다했어,
물론 어디까지가 최선인지는 몰라.
하지만 그래도 난 걸어가고 있는 중이야.
느리더라도 멈추거나 포기하진 않았지.
그래서 난 내가 도전하고 있다는 것에 감사해.

내일 일은 난 모르지….
하지만 늘 바라고 기도하면 이뤄질 수 있다는 것 정도는 알아.
주어질 거야…. 찾아올 거야."

라고 말입니다.

지푸라기와 추어탕

오래된 언어의 사회성을 엿볼 수 있는 말 중

'지푸라기라도 잡는다'

라는 표현이 있습니다.

너무 절박하다 보니 뭐라도 해본다는 거죠.

우리 모두 지푸라기가 뭔지는 압니다.

그걸 잡아서 우리의 추락을 막을 수 없을 가능성이 높다는 것도 알지만 그래도 낭떠러지에서는 지푸라기라도 잡게 되는 법입니다.

요즘 흔히 말하는 '포모(FOMO, Fear Of Missing Out) 현상', 즉 남들이 누리는 기회를 놓칠까 두려워하는 마음이 있습니다.

Fear

Of

Missing

Out

의 약자입니다.

원래는 경제 용어로 홈쇼핑 같은 데서 물건을 팔 때 소비자를 초조하게 만들려고 '매진 임박' 등을 외치는 것을 말합니다.

하지만 요즘은 어제 증권 시장의 2차 전지주의 폭등처럼 우리나라에는 에코OO 산 사람과 그렇지 않은 사람으로 나뉜다면서 신문 등 언론에서 투자하지 못한 사람이 마치 뒤처진 사람처럼 보이도록 조장하는 것을 말하기도 합니다.

그리고 또 하나

맘카페나 여러 단톡방에서 난임 부부들이 가입 후 경험하는 것 중 하나도 바로

포모를 자극하는 것일 수 있습니다.

여기에는 몇 가지 경우가 있는데.

1. 실제로 본인의 주관적 경험이지만 혼자 알기엔 너무 아깝다는 생각에 음식이나 운동, 생활습관에 대해 공개한 것을 지지하는 사람들로 인해 유행이 발생한 경우
2. 이에 편승해서 마치 난임 부부인 듯 가장하고 경제적 이익을 취하기 위해 어디어디 가서 어떤 브랜드 또는 어떤 가게의 것을 먹었더니 임신이 되었다고 호도하는 경우
3. 그래서 따라한 주변 사람들이 다 되었는데 그게 뭐 별거 있겠어 했다가 자신만 해결되지 않아 괴롭다고 올리는 글들을 읽은 이들에게 심리의 흔들림이 발생하는 경우

등입니다.

하지만 그렇더라도, 설사 속는다 하더라도, 효과가 없다고 하더라도, 흑염소나 미꾸라지가 그저 단백질뿐이라 하더라도,

그래서 이게 페이크이고, 지푸라기라 하더라도 그 지푸라기라도 부여잡고 하룻밤만이라도 숙면을 취할 수 있다면 저는 맛있게 먹고 푹 자고, 아침에 개운하게, 마음 편하게, 나도 따라서 했으니 적어도 뒤처

지지는 않았다는 안도감 속에 하루를 살기를 소망합니다.

제가 초심자 의사였을 때는 그런 거 필요 없다고….
아무짝에 쓸모없는 짓이라고 강하게 말렸습니다.
하지만 지나고 보니 정말 해가 되는 몇 가지 빼고는 그마저도 다 의미가 있는 것임을 알게 되었습니다.

그중에는 엄마의 '정성'이란 것도 있을 것이고
시댁의 관심과 격려란 것도 있을 것입니다.

그런 게 흑염소로, 추어탕으로, 곰국으로, 한약으로 변해서 우리네 손에 쥐여지는 거죠.

그래서 단호하게 다 필요 없다고 하지 말고

'적당히 하되 혈액 순환 개선 효과가 센 한약은 난자 채취 주기 시작하면 멈추고 곰국은 나트륨, 지방과 인이 너무 많이 들어 있으니 일주일 이상 연속 먹지는 말자.
그리고 추어탕은 이름 있는 곳에서 만든 것으로 하되
역시 연속해서 며칠씩 먹을 필요는 없다.
흑염소 곤 액은 단백질만 너무 들어갈 수 있으니 야채나 과일 등 식이섬유를 먹어서 장내의 공생미생물(마이크로바이옴)에게 밥이 되는 식단도 꼭 챙기자.'

이렇게 생각했으면 합니다.

너무 과한 것도 좋지 않으니 음식과 보신, 정성과 과학적 과잉 상황에서 잘 중심을 잡고 다각적으로 몸과 마음이 편해지고 긍정적인 면으로 살 수 있도록 노력해야 할 때입니다.

[추신] 글 쓰고 추어탕을 검색하니 실제로 여기 거 먹어서 한 방에 성공했다는 글 참 많네요….

굳이 브랜드까지 밝히신 것…. 아까 말한 2번에 해당할 수도 있음을 경계하면서 현명하시길….

그만두고 싶은 순간,
다시 시작할 용기에 대하여

지쳐서 이제 시험관아기시술을 그만해야 하나 고민되신다면
결론을 내기 전에 제 이야기를 한번 들어보세요

아마 처음엔 내가 왜 난임병원을 다니고 있지?
나에게 왜 이런 일이 생긴 걸까… 했을 겁니다.
다들 같은 마음입니다.
주변에서는 아이들 그냥 쉽게 가지는 것 같은데
왜 나에겐 이렇게 어려운 일이 되었을까 씁쓸합니다.

병원을 다니고 검사를 하고, 날을 잡아보고, 인공수정을 하고, 결국 시험관아기시술까지 흘러와 버렸습니다.
나이도 있고, 두 번 세 번 실패를 하다 보니
이게 과연 되기는 되는 건가,
의문이 문득 생기고 몸도 마음도 지치고 비용도 부담되고… 여러모로 힘들게 사는 자신을 발견하게 됩니다.
남편은 남편대로 주사 맞고 난자 채취하고 힘들어하는 아내가 가엾고 불쌍합니다.

그러던 어느 날
부부는 "우리 그냥 그만하고 둘이 살까?"

하는 이야기를 하게 됩니다.

미련을 버리고, 홀가분하게 재미있게 살 수 있을 것 같습니다.

그래서 병원을 그만 다닙니다.

그렇게 한 달이 가고 계절이 바뀌고, 낮은 잿빛 구름이 하얀 눈을 온 세상에 날리는 겨울도 지나갑니다.

영화도 보고, 해외여행도 가고, 맛집도 찾아다니며 바쁘게 그저 열심히 살아냅니다.

그런데

그런데 말입니다.

마음 한 켠에 무언가 남아 있습니다.

문득, 가끔 큰 한숨 쉬게 하는 그것… 응어리.

내가 내면의 나와 타협하지 못해서 나오는 신음 소리 같은 그 무엇…….

그것은 해결하지 못해서… 그래서 만나지 못해서, 진심으로는 포기하지 못해서 괴로운 내 안의 자아가 우는 소리입니다.

용기를 냅니다.

남편에게 다시 이야기합니다.

말없이 수긍하는 남편. 부부는 다시 병원을 찾습니다.

그 부부의 미래는 어떻게 되었을까요?

저는 “그만할까요?”라고 묻는 부부에게 이렇게 이야기해 드립니다.

“그래요. 하지만 그만두고, 몇 년이 흘러 오늘을 다시 돌아볼 어느 미래의 그때, 오늘의 결정이 한이 되지 않을 자신이 있는지 생각해 보세요.

상황이, 몸과 여건이 안 돼 어쩔 수 없이 그만두는 것이 아니라

실패와 이런 상황이 버거워 외면하는 그런 식의 포기라면 언젠가는 다시 오늘의 결정을 반드시

후회하게 될 수 있답니다.”

어려운 일입니다.

힘든 시간이구요.

미래의 불확실성이 오늘, 현재의 나를 짓누르고 있습니다 .

하지만 우주 저편에서 아장아장 걸어오고 있는 우리의 아가를 마중나가는 이 여정을 여기서 멈춘다면

우리는 그 아가의 웃음소리를 영원히 들을 수 없게 될 겁니다.

용기를 내시고, 희망을 가지고, 스스로의 운과 운명을 믿어보세요.

그리고 부부와 함께하는 주치의 선생님과 다시 여정을 시작하세요.

멀지 않은 미래의 어느 날

아기 분유 타는 유튜브를 보면서 환하게 웃는 당신의 모습을 기대합니다.

작은 울림이 큰 변화를 만든다

어제 한참 앉아 펑펑 울고 간 가을님(가명), 진료실에 마주 앉아 친절하지 않은 남편과 녹록지 않은 상황과, 시술 실패와 마주했습니다. 제가 드린 말씀은….

가을은 왔지만 우리네 곁엔 아직도 한여름의 뜨거운 끝자락과 그 여운이 남아 있습니다.

하지만 우리 모두는 알고 있습니다.

이 여름도 그렇게도 내리쬐던 태양도 눈을 뜨지 못할 만큼 뜨거운 열풍도 다 시간이 가면 사그라들거라는 것을.

그리고 그렇게 또 한 번의 가을이 올 겁니다.
아침과 저녁으로 바람은 서늘해지고
해는 짧아지고
하늘은 푸르고 높아지겠죠.
벼 그림자는 길어지고, 들녘은 황금색으로 물들며
그렇게 그렇게 계절은 지나갈 겁니다.

사랑을 해서 결혼을 했든
그렇게 될 운명이어서 결혼을 했든
현실은 두 분이 부부라는 것입니다.

그 점은 변화가 없죠.

무언가를 시도할 때 특히 부부가 합심해서 해내야 할 때
가장 속상한 것은 어제 가을님의 말씀처럼
바로 무관심이나 냉랭함, 때로는 서운할 정도의 싸늘함입니다.
마치 아무것도 바라지 않는 것 같은 표정.
변화하지 않는 아니 변화하지 못한 하루하루의 습관과 행동.
늦어지지는 귀가와 잦은 술자리.
심하게도 역겨운 담배 연기
뭐 하나 마음에 들지 않습니다.

이게 바뀌기는 할까요?
어린 시절의 트라우마 때문인지
아니면 현실이 너무 팍팍해서인지
비뚤어진 심상과 나오는 말의 어투가 하루하루 거슬리고 심장을 관통하고 지나갑니다.

우리는 과연 여기서 어떻게 해결의 실마리를 찾고
그 틈과 여지를 발견하고
뛰어넘고 극복하고 이겨내는 방법을 알 수 있을까요?

답은 사실 없습니다.
각자가 처한 상황도 다 다르고, 남편의 성향도, 그 기질이 만들어진 이유도 배경도
다 알 수 없고, 이미 굳어버린 빨간 핏방울 같은 거니 말입니다.

하지만 저는 이렇게 생각했으면 합니다.
정말 말도 안 되는 것 같지만
그 딱딱한 댓돌에 구멍을 내는 것은 오랜 시간 떨어지는 처마 밑의 낙숫물입니다.
그 낙숫물에 댓돌이 패이듯 변화하지 않는 것처럼 보이나
변화됨을 만들 수 있습니다.

저 역시 젊은 시절 여러모로 다혈질이고 내 생각만 하던 사람임을 인정합니다.

가을님께 제 이야기 하나를 들려드렸습니다.
하이트라는 맥주가 막 출시되던 시절, 전공의 2년 차였던 어느 초가을이었습니다.
후배들이 술을 사 달라고 해서 호프집에 갔다가, 월급이 100만 원이던 시절에 그만 40만 원이 넘는 술값을 내고 말았습니다.
그날 집에 와서도 집사람은 아무 말이 없었습니다.
며칠 뒤 토요일, 퇴근길에 차를 몰고 시내를 지나던 중이었습니다.
그때, 유모차를 밀고 은행에 들어가는 집사람을 우연히 보게 되었습니다.
무더운 날씨에 몇 킬로미터나 되는 거리를 걸어 시내까지 온 것이었습니다.
깜짝 놀라 유턴을 해서 전화를 걸고 기다렸다가 집사람을 태우며 물었습니다.
"왜 이렇게 걸어왔어? 날도 이렇게 더운데……"
집사람은 웃으며 이렇게 말했습니다.

"500원이면 큰돈이야. 아끼는 거지 뭐."

그 말을 듣는 순간, 제 가슴이 먹먹해졌습니다.

저는 큰돈을 허투루 써버렸는데, 집사람은 그 작은 버스비마저 아끼려고 땀 흘리며 걸어온 것입니다.

그날 이후 저는 많이 반성했습니다.

전 속으로 울었습니다.

그날 처음으로 저 자신이 얼마나 부족했는지를 깊이 느꼈습니다.

변화는 거창한 충고에서 오는 것이 아니라, 그런 작은 울림에서 비롯된다고 생각합니다.

"아껴 써야지… 술값을 그렇게 쓰다니…" 하고 직접 말한 것도 아닌데,

그저 집사람의 행동 하나가 제 마음을 울렸고, 저는 조금씩 달라지기 시작했습니다.

남편의 모든 생활양식과 성격과 기질과 행동이 하루아침에 바뀌진 않을 겁니다.

아니… 영원히 그대로일 수도 있겠습니다.

하지만 어제 그야말로 말 그대로 펑펑 울며 주룩주룩 눈물을 흘리는 가을님에게 전 이 이야기를 해주면서 마지막으로 한 말씀 더 드렸습니다.

"우리가 변화되길, 바뀌길 기다리고 기대하는 것은 우리가 얼마든지 해볼 수 있는 희망적 생각입니다. 그저 될 대로 되라, 다 끝난 거야. 저 사람 저렇게 쭉 살 거야… 하는 것보다 속고 속고 또 속더라도 믿어보고, 설득하고, 행동해 봤으면 합니다"라고.

사랑하는 사람에게 나의 슬픔을 다 털어놓고 나면

난 속이 시원하고 후련한 카타르시스를 느낄지 몰라도

그 대상이 엄마라면 엄마 가슴에 맷돌 하나 크게 올려놓고 오는 겁니다.

사랑하는 사이에 슬픔은 나누면 절반이 되는 것이 아니라
두 배가 되는 것이기 때문입니다.

때론 혼자서 감내해야 할 것들이 있습니다.

이 글을 읽은 수많은 이 땅의 난임여성(환자가 아닙니다.)분들에게 힘내시고, 올 추석 어느 밤엔 수많이 반짝이는 가을 밤 하늘 별들 중 가장 환하게 빛나는 별 하나 두 손에 와락 하고 안기는 좋은 태몽 하나 꾸시길 진심으로 기원합니다.

내년 추석엔 그 별 하나가 더 빛나는 아가가 되어 두 분 품에 안겨 시댁과 친정을 찾아갈 겁니다.

덜 행복한 희망을 품는 법

시험관아기시술 후 피검사가 너무 낮고 애매. 결국 생화학임신으로 귀결될 때. 우리가 생각하고 다잡아야 할 가장 소중한 것에 대해…

체외수정 시술 후 혈액검사 결과를 기다리는 동안, 많은 환자분들이 마음속에 여러 감정을 떠안고 힘들어하시는 모습을 봅니다. 그중에서도 임신 수치가 애매하게 나왔을 때 느끼는 불안감과 초조함은 이루 말할 수 없을 것입니다. 이 과정을 함께 지켜보는 주치의로서, 이번 글은 비록 기대와 다른 결과일지라도 '덜 행복한 희망'을 품고 앞으로 나아갈 용기를 드리고자 합니다.

임신 수치가 떨어지며 최종적으로 생화학 임신 또는 극초기 유산으로 귀결될 때, 환자분들께서 느끼는 실망감은 얼마나 클지 잘 알고 있습니다. 하지만 그 순간에도 한 가지는 분명히 기억해 주세요. 이것은 임신이 가능하다는 것을 보여준 신호입니다. 비록 완전한 행복으로 이어지지는 않았지만, 우리에게 '덜 행복한 희망'을 선물한 것입니다. 이 희망은 다음번 시도에서 더 단단하고 빛나는 결과로 이어질 수 있는 소중한 단서입니다.

부부의 격려와 배려, 그리고 믿음의 힘

이 과정에서 가장 중요한 것은 부부가 서로를 위로하고 격려하는 것입니다. 아내의 몸이 겪는 변화와 마음속 고통은 남편이 이해하기 어려울 수 있지만, 남편의 작은 배려와 지지는 그녀에게 큰 위로가 될 것입니다. 마찬가지로, 남편이 느끼는 초조함과 무력감을 아내가 이해하며 서로에게 기대어야 합니다.

그리고 주치의를 믿어 주세요. 우리는 최선을 다해 여러분의 곁에서 함께 걸어가고 있습니다. 모든 과정을 객관적으로 분석하며, 가장 적합한 방향을 찾기 위해 노력하고 있습니다. 여러분의 마음이 무너질 때마다 다시 일어서도록 돕는 것이 우리의 역할입니다.

걱정에서 벗어나기

걱정은 여러분의 의지와 상관없이 찾아오곤 하지만, 통제할 수 없는 걱정에 사로잡히는 것은 스스로를 벌하는 것과 같습니다. 결과를 바꿀 수 없는 상황에서는, 오히려 스스로를 돌보며 멘탈을 관리하는 데 힘써야 합니다. 여러분의 마음이 안정적이어야 몸도 건강하게 버틸 수 있습니다.

비타민을 꾸준히 복용하고, 균형 잡힌 식사와 적절한 운동을 하며, 일반적인 건강을 유지하려는 작은 노력을 잊지 말아 주세요. 그것이 결국 큰 기적을 이루는 바탕이 될 것입니다.

평범한 기적을 꿈꾸며

비록 이번에는 덜 행복한 희망으로 마무리되었지만, 여러분의 노력과 버팀은 헛되지 않을 것입니다. 한두 해가 지난 어느 날, 드디어 아가가 세상에 와서 일어나 걷고, "엄마, 아빠"를 부르는 그 순간이 찾아올 것입니다. 그 평범한 기적 속에서 느끼는 소소한 행복이야말로 우리가 기다려온 진짜 희망일 것입니다.

그러니 지금은 힘든 마음을 잠시 내려놓고, 아가와 만날 날을 향해 천천히 걸어가 주세요. 이 여정에서 저도 여러분의 곁을 끝까지 지키겠습니다.

'덜 행복한 희망'은 완전한 행복으로 가는 길의 작은 디딤돌입니다. 그 희망을 품고 끝까지 나아가길 진심으로 응원합니다.

시험관아기시술하시다가
어떤 분이 하신 말씀…

"저 고장 난 것 같아요." 폭풍 눈물 ㅠㅠ

한 번 들어보세요. 사연이 참….

"잘 참고 잘 견디고 있는 줄 알았어요.

뭐, 이쯤이야 어떻게든 되겠지 했어요.

그런데…

그런데 말이죠.

이건 아닌 거잖아요….

왜 나한테, 왜 나를, 왜 나만 이런 상황에, 이런 막다른 길에 놓여 있는 거죠?"

잠깐 동안의 침묵이 흐르고.

"저… 고장난 것 같아요."

무얼 어떻게 말씀드려야 할지… 몰랐습니다.

이런 표현은 처음 듣는 거라… 어떻게 반응해야 할지 몰랐죠.

겨울(가명)님은 서른이 안 된 아직 젊은 분입니다.

요즘 보기 드문 결핵을 앓아 나팔관결핵으로 나팔관 양쪽이 막혀서 어쩔 수 없이 시험관아기시술을 하는 중이고 남편 정액 검사상 정상 정자가 1% 미만으로 매우 적어서 역시 상황은 좋지 않았습니다.

등록금을 모으고, 학원을 다니고, 엄마 분식점에서 일을 돕고

씩씩하게 용감하게 모든 것을 해내던 큰딸은 사랑을 하고, 결혼을 하고 엄마를 떠나 새 삶을 시작했습니다.

그런데 어느 날, 좀처럼 좋은 소식이 찾아오지 않아 우리 병원을 찾은 거죠.

그리고 조영술을 하고 나팔관이 다 막혔다는 기가 막힌 이야기를 듣게 됩니다.

저는….

다들 아시겠지만 찾아오시는 난임 부부들과 별별 이야기를 다합니다. 제 이야기도, 아이들 이야기도 세상 이야기도 합니다.

그리고 겨울님의 진짜 춥고 서늘한, 겨울 같은 본인의 인생 이야기도 들었습니다.

이제서야 이해가 되었죠.

버텨내었다는 것을…

견디고 있었다는 것을…

티 내지 않고 있었다는 것을…

마음속은 이미 무너져 내리고 있었다는 것을 말입니다.

"저 고장난 것 같아요."

이 말이 무얼 의미하는지 저는 알았습니다.
제가 해드릴 수 있는 말이 하나 있었죠.
틈과 여지… 그리고 곁.

상황이 아무리 비루해도 나에게 이걸 어떻게든 해결하거나 버틸 수 있는 틈이 있다면 나에게 그나마 조금의 시간이 있다면 나를 대신 해줄 사람이 있다면 그 곁이 따뜻하다면 그래서 다시 일어날 수 있는 힘이 있다면 그 여지가 있다면 나는 이겨낼 수 있다는 것을 내 스스로 믿는 것.

그게 오늘 겨울님이 생각하고 떠올리고 기억해서 스스로의 마음을 올곧이 다시 추스르고 용기를 내는 길이 유일한 길임을 말씀드렸죠.

우리는 오늘을 살지만 어제는 마음속에 있고 미래는 머릿속에 있습니다.
그 지난한 날들… 지치던 시간들도 다 지나가고 환하게 웃으며 미소 지을 날들도 그 미래가 온다는 것도 그게 오늘이 되어 내 품에 안기는 평범한 기적이 일어난다는 것도 다 믿어야 합니다.

사실 우리가 바라고 원하고 하는 모든 것들이 다 이뤄지지는 않을 겁니다. 완벽하게 주어지지도 않을 거구요.
그래도 그럼에도 불구하고 우리는 꿈을 꾸고, 갈망하고, 전진해야 합니다.

왜?
아무것도 하지 않으면 아무 일도 일어나지 않을 테니 말입니다.

겨울님에게 이야기 드렸습니다.
또 고장 난 느낌이 들면 '틈과 여지와 곁'을 떠올리라고.

당신을 당신보다 더 사랑하는 사람들이 있다는 것을 떠올리라고.

그리고 마지막으로 뜻밖의 행운도 찾아올 테고 평범한 대부분의 사람들의 인생에 있어 짊어지고 갈 고통의 무게의 총량은 대개 비슷하니 오늘, 또는 수많은 어제가 지나치게 힘든 무게로 짓눌려 있었다면 내일 또는 수많은 미래는 시원한 바람을 맞으며 한가롭게 휴일 오후를 산책하는 무탈하고 행복한 하루도 다 돌아올 것이라고….

3. 행복은 여전히 당신을 향해 다가오고 있습니다

난임병원에서 시험관시술하시는 분들께 - 불안과 걱정에 대하여

삶에 있어 확실한 것은 모두 지나간 것들뿐입니다.
그 외의 모든 것은 불확실합니다. 오직 죽음만이 예외일 뿐…….

걱정에 대하여….

불확실하다는 것은 불안함의 씨앗입니다.
무엇이 불확실한지조차 모를 때는 불안하지도 않습니다. 느낄 때 비로소 시작되는 것입니다.

'초조(焦燥)하다'라는 말은
'타고 마른다'는 뜻입니다.

정신과적으로 신경전달물질이 대뇌의 어떤 부위를 어떻게 자극하면 이런 느낌이 온다라는 식의 이야기보단 애가 탄다, 라고 말하면 쉽겠습니다. 애는 순우리말이며 원래 창자를 이르는 말이나 현재는 마음속이라고 해석해도 될 듯합니다.

불안하면 초조하고 애가 탑니다.

즉, 일어날 수 있는 일이나 이미 벌어진 일에 대해 그 과정과 결과를 알 수 없거나, 그 전체 또는 일부에 관여할 수 없는 경우에 벌어지는 심경 변화의 발로가 벌어지게 되는 것이죠.

걱정하게 되는 것입니다.

2015년 스티븐 스필버그 감독, 톰 행크스 주연의 〈스파이 브릿지〉라는 영화는 냉전 시대의 포로 교환을 다룬 최고의 명작입니다.

너무 오랫동안 미국에서 산 러시아 스파이를 동독에 붙잡힌 비행기 조종사와 교환을 하기 위해 글리니케 다리로 향합니다. 눈 내리는 밤중에 서로 말 그대로 얼어붙은 강 위의 다리의 가장자리에 서 있을 때 문득 교환 담당 변호사를 연기한 톰 행크스가 러시아 스파이에게 묻습니다.

"혹시 기밀을 다 누설했다고 생각한 당국이 선생을 처형할 수도 있을 텐데 걱정되지 않느냐?"

그러자 그 노신사 스파이가 톰 행크스에게 대답합니다.

"그러는 선생은 살면서 걱정이 무슨 도움이 되더나?"

영화 속에서 위 대화는 아무런 극적 장치 없는 순간의 흐름이었지만 나에게는 영화 전체를 관통하는 위대한 메시지처럼 들렸습니다.

삶에는 흐름이 있고, 한 사람의 삶은 커다란 바다 위의 작은 배처럼 흔들리며 앞으로 나아갑니다.

누군가 올라탔다가 내리기도 하고, 영원히 함께 가기도 하고, 내가 그 배에서 내려야 할 때도 있습니다.

누군가를 만나면 영향을 받고, 또 영향을 주고, 속기도 하고, 배신도 하고, 분노하기도 하면서 말입니다.

내가 삶에서 일어나는 일에 대해, 또는 행한 어떤 일로 인해 일어날지도 모를 두 번째 일(2nd tide)로 인해 걱정을 한다고 해서 바뀌는 것은 사실 거의 없습니다.

그저 별일 없이 정명하게 살며 무탈한 하루가 이어지기를 소망할 뿐이며 또한, 욕심이 나를 눈멀게 하여 스스로 불 속으로 뛰어들지 말도록 염려할 따름입니다.

오늘 우리는 우리의 인생에서 생각지도 않게 맞닥뜨린 뜻밖의 상황에 놓여 있습니다.

누가 대신 가주지도, 가줄 수도 없는 길을 걸어가고 있는 이 상황이 언제 끝날지, 잘 해결될지 알 수 없는 시간들이 흘러가고 있습니다.

그럴 때일수록 우리는 하나의 마음가짐을 견지하고 하루하루를 살아내야 할 것이라 저는 생각합니다.

사실 어려운 이야기이고 진부한 말이 될 수 있을는지 모르겠습니다.

그건 바로 수많은 사람들이 진심으로 바라고 있고, 부부 역시 최선을 다하고 있으면 "그 이상 우리가 할 것은 없다"라는 것입니다. 그저 우리는 가을 하늘에 날릴, 빛나는 창공에서 유영하는 예쁜 연 하나를 만들고 있는 것입니다.

어느 계곡에서 부는 바람이 연을 하늘로 날릴지 그건 아무도 모릅니다. 바람은 자연의 영역이자 신의 영역입니다.

우리는 그저 정성을 다해 그 바람을 타고 오를 연 하나를 지금 만들고 있는 것입니다.

그 적절한 어느 아침, 고요한 산사의 풍경 소리를 따라 가을 바람이 계곡 사이로 불어옵니다.

나의 연은 내 손을 떠나 부여잡은 실을 따라 창공으로 바람을 타고 날아오릅니다.

그간의 걱정과 불안과 불확실한 모든 것들이 사라지면서 말이죠.

우리는 이것을 비상이라고 부릅니다.

모두 차분한 마음으로 기다려 보면서 가을의 정취도, 낙엽 한 잎이 주는 소회도 그리고 결실의 순간도 모두 찾아오시길 다시 한번 기원합니다.

감사합니다.

걱정을 분산하는 방법에 대해

- 시험관 하려는데 안 되면 어쩌지?
- 난 너무 걱정이 많아, 결정장애도 있고…

안녕하세요?

오늘은 걱정을 분산하는 방법에 대해서 이야기 드려볼까 합니다.

걱정 없이 살 수는 없겠지만 조금은 덜 상처받고, 덜 괴로워하면서 다음 순간을 희망하면서 산다면 낫지 않을까 생각해 보면서 이야기를 시작합니다.

새벽 어스름에 창틈으로 꽤 쌀쌀한 한기가 스며듭니다.

가을이 깊어가고 있습니다.

이렇게 깊어지다 보면 이내 겨울이 오겠지요.

겨울이 온다는 것은 다 알지만 그래도 우린 내일 자체는 잘 모릅니다. 무슨 일이 생겨 어떻게 해결해야 할지 모르면서 내일을 기다립니다.

간혹,

우리가 내일을 기다리는 이유에 대해 생각합니다.

기다리는 것이 아니라 살아내는 것이라고 하는 것이 맞는 표현일 수도 있겠지요.

주어졌으니 후회 없이 살다 가면 좋겠지만 많은 경우에 있어서 나

혼자 잘 한다고 후회가 없지는 않으니 잘 마무리하면서 하루를 살아가는 것이 보다 현실적인, 잘 살아가는 삶일 수도 있을 겁니다.

영화 사우스포(southpaw)는 권투 영화입니다.

스포츠 영화인가 하다 보면 내면은 전혀 그렇지 않습니다.

2시간의 러닝타임 중 경기 장면은 꽤 많이 나오지만 감독이 하고 싶은 말은 따로 있나 봅니다.

열 살 때 맡겨진 고아원… 말하고 싶지 않은 과거의 삶.

하지만 거기서 주근깨 여자애를 만나고, 결혼을 하고 아이를 낳고 최고의 권투 선수가 되어 상상을 초월한 부를 누립니다.

그러나 어느 날 사고로 아내는 죽고, 재산은 온통 사라지고, 재기를 위한 그의 몸짓은 공허합니다.

삶을 지탱해주고 모든 미래를 설계하던 아내가 없는 그의 미래는 어떻게 될까요….

우리가 일확천금, 로또를 꿈꿀 때 정말 많은 경우에서는 그것은 바로 사람입니다.

가족일 수도 있구요. 아내나 남편 그리고 부모와 자식들일 수도 있지요.

중요한 것은 작별 인사도 없이 그렇게 사라지는, 떠나는 일도 있으니 같이 살아가는 하루하루가 소중한 것이고, 내일은 기다리거나 살아지는 것이 아니라 그들과 같이 눈 뜨기를 기다리는 소중한 미래인 것입니다.

사랑도 가정도, 직장도 심지어는 국가마저도 어렵고 힘들고, 곤궁

하던 시절, 갈구함이 눈물나던 상황에선 뜨겁고, 뭉클하고 애잔함으로 뭉쳐서 많은 시련을 이겨냅니다.

정작 위기는 시련 속에 있지 않기 때문이지요.

공포영화의 한 장면처럼 안심하고 있던 그 순간, 우리는 비로소 살기를 띠고 이 공동체를 망가뜨리는 적의 실체를 알게 됩니다.

그것은 바로 우리 모두가 '나 스스로를 너무 사랑한다는 것'으로 인해 생기는 모든 상황입니다. 부부의 경우 위로와 배려는 나의 몫이기를 바라는 순간이 가장 위험한 때가 되겠지요. 그 이상의 단위의 갈등들은 제가 할 이야기는 아닌 듯 합니다.

진부한 것들이 가장 아름답습니다.

'자기 희생' 말입니다.

아주 작은 것들부터 대단한 것까지 남편과 아내가 서로 공감하고, 교감하고, 통감한다면 그 가정, 가족은 결코 무너지지 않습니다.

수많은 다른 단위도 더 큰 세상도 마찬가지입니다.

인연(因緣)

詩 김동원

나무가 바람에게 묻는다
저 언덕 너머에도 나 같은 나무가 있느냐고

바람은 나무에게 답한다

언덕 너머에 너 같은 나무가 있긴 하지만
널 스쳐갈 때 그 느낌과
똑같은 나무는 없다고

바람이 나무에게 묻는다
새벽달이 뜨면 나 같은 바람이 또 부느냐고

나무가 바람에게 답한다
물론 달무리 너머로 불어오는 수많은 바람들이 있지만
너처럼 나를 흔드는 바람은 없다고

떠나는 이는 마음 아프고, 남는 이는 빈자리의 허전함에 눈물 납니다.

그래서 곁을 내어주고, 같은 생각과, 일과, 바람으로 살아왔던 하루하루가 있던 이들의 헤어짐은 늘 슬픕니다.

또한 그래서 함께 있을 때 최선을 다했으면 합니다.

그 최선이라는 것은 한계가 있을 테지만 떠나는 이도 남는 자도 그 최선의 깊이를 알면 더할 나위 없는 헤어짐이겠지요….

오늘 하루는 어떠셨나요?

그저 그랬을까요?

스마트폰 안에서의 세상은 또 어떠셨을까요?

그 안에도 다른 세상이 존재하니 답장 없는 카톡은 입안의 가시처럼 불편하겠지요.

겨우겨우 일 마치고 들어와 밥 한술 뜨는데 울리는 전화벨 소리에 아~! 밥 좀 먹자… 소리가 절로 나올 수도 있구요.

챙기지 못한 가족의, 시댁의 생일이 쌩하고 지나가 버렸네요.
이런, 이런 하면서도 '나도 지금 충분히 힘들어'라고 생각할 수도 있겠습니다.

다들 실수하고 살고, 망각하고 살고, 용서하면서 살아갑니다.
간혹 그렇지 못한 이들도 있겠지만 완벽함은 무자비함을 낳고
잊어버리지 않고 사는 이의 삶은 영혼의 곤궁함밖에 남지 않을 겁니다.

병원 다니시면서 겪는 여러 가지 일로 힘드시다면 오늘은 주치의로서, 이 일은 담당하는 의사로서 송구하다는 말씀을 드립니다.
직원들이나 의사의 매너리즘은 절실한 이들에겐 큰 상처를 주는 까닭에 늘 경계하면서도 사람인지라 완벽할 수 없음을 절감합니다.
찾아오신 부부가 결실의 기쁜 순간을 맞이한 후 떠나는 이들이라면 우리 의료인들이 그 부부의 앞날에 박수와 기도를 보내는 남는 이들입니다.
떠나는 이와 남는 이들 모두 행복할 수 있도록 최선을 다하겠습니다.
감사합니다.

최선을 다해서 사는 삶

난임 부부 또는 시험관을 하고 있는 상황이라면
더 최선을 다해서 이겨내고 결실의 순간에 서야 할 이유에 대해
다시 새겨볼 필요가 있습니다.
오늘의 힐링에세이는 왜 더 최선을 다해서 무엇인가를 해야 하는지에 대한 이야기입니다.

하늘 아래 모든 진리를 아는 사람은 아마 없을 것입니다.
어제의 진리가 오늘이나 내일까지 유지되지도 않습니다.
한 사람의 삶 속에서 만들어진 인격과 그로 인한 영향이란 것도 또한 절대적으로 유지되지 않는 것 같습니다.
대개의 사람은 부모의 영향 아래서 시작한 삶의 초창기가 있고, 만약 그렇지 않더라도 누군가 영향을 미치는 사람이 있기 마련입니다.

운명이나 성격 등이 한 번 정해지면 변하지 않는 불변의 것도 아니고 절대적이지도 않은 이유는 아래의 상황 같은 일이 벌어지기 때문입니다.

읽으면서 상상해 보시길 바랍니다.

아주 더운 여름,

바람 한 점 없는 거대한 쓰레기장….

파리 나는 소리와 모기떼 속에 갇힌 공간에 폐타이어 하나가 세로로 서 있습니다.

바로 옆 거대한 쓰레기 더미가 정오의 햇빛을 막아 줘서 타이어 안쪽엔 그늘이 지고

한 줌 희미한 바람에 섞여 들어온 흙이 점차 쌓이게 됩니다.

마침내 그리도 인색하던 소나기가 지나가고

또한 아주 우연히, 우연히 그 소나기로 인해 튕겨져 들어온 빗물로 작은 흙더미가 그 여름에 아주 촉촉히 젖어 있게 됩니다.

작은 능선과 언덕을 날아 꽃씨가 비행을 하고, 기류와 와류에 흔들리다 정말 정말 우연히 폐타이어의 작은, 그러나 촉촉히 젖은 흙더미에 안착하는 거죠.

그리고 이내 시간은 흐르고 해는 비추고, 아이들은 웃고, 밤 이슬이 몇 번 젖어들고 나면 우주의 기적이 작은 폐타이어 안의 흙더미를 밀치고 생명으로 태어나게 됩니다.

그 꽃은 꽃잎을 피우고 따스한 바람이 어느 날 불어와 그 꽃씨를 하늘에 날리면 부유하듯 떠오르는 꽃씨는 다시 꿈을 꾸며 비행을 합니다.

그 꽃씨의 본향은 쓰레기장의 폐타이어 속이었음을… 꽃씨가 알 리 없습니다.

이게 다 우연인가요?

오로지 운 때문일까요?

생명은 처절하게 처음부터 할 수 있는 모든 것을 다해 살아갑니다.

'적당히 포기'란 것은 없는 겁니다.

Self Pity

-D.H.Lawrence

I never saw a wild thing
sorry for itself.
A small bird will drop frozen dead from a bough
without ever having felt sorry for itself.

D.H 로렌스의 시입니다.

영문을 번역해 보면 이렇습니다.

자기 연민

나는 들짐승이 자기 연민에 빠진 것을 본 적이 없다
얼어죽은 작은 새가 나뭇가지에서 떨어질 때
그 새는 자신의 존재에 대하여 슬퍼해본 적도 없었으리라

그렇습니다.

작은 새 한 마리도 그 추운 겨울날 최선을 다해 삽니다.

스스로의 처지를 비관하거나, 비루함에 취해서 포기하지 않습니다. 스스로에게 가지는 연민으로 눈물 흘리지도 않죠.

그래서 할 수 있는 선에서 최선을 다하고 수많은 다른 이들의 선의와 그리고 부부의 운을 믿고 한 걸음 한 걸음 전진하는 것이 맞다고 저는 생각합니다.

한 말씀 더 드리면 고난과 역경에 대처하는 상황에서 보면

'왜 내가 여기서 오늘 이런 일로 헤매고 있지?'

라고 하는 "왜"가 중요한 게 아니고

지금은 "어떻게"가 더 중요한 시점입니다.

어떻게 현명하게 슬기롭게 최선을 다해 이 시련을 끝내고 일상으로 돌아갈 것인지를 고민하는 것이 맞습니다.

다른 집, 다른 가정도 들춰보면 말 못할 사연 없는 경우는 대개 없습니다.

삶을 살아가시는 동안 임신 시도나 시험관아기시술 같은 것이 아닌 다른 여러 곤경과 시련이 다시 부부 앞에 나타날 겁니다. 그때도 두 분이 과거의 어느 날 겪었던 다른 종류의 어려움을 멋지게 해결했듯이, 다시 핑계 대신 최선을 다해 그 시련도 이겨낼 것이라는 것을 저는 믿습니다.

모두들 빨갛고 아름다운 고결한 장미꽃 한 송이가 두 분 손에서 피어오르는 눈부신 태몽 꾸시고 성공도 하시길 기원합니다.

삶의 또 다른 가치에 대해……

삶은 때론 깊숙이 다른 누군가의 영혼과 연관되어 있곤 합니다.

버려진 개 한 마리가 다시 입양이 되는 것도, 안락사를 당하는 것조차도 깊은 사랑과 연민의 힘이 닿았는지에 달려 있습니다.

가족의 질병은 그 사람의 영혼과 진하게 연결된 수많은 다른 가족들을 아프게 합니다. 누군가 아프고 힘들어 일상에서 이탈하게 되면 우리에겐 그를 대신해 줄 수 있는 사람 따위는 없기 때문이겠지요.

좋은 차를 타고 다니는 것도, 좋은 집에 사는 것도, 아이를 유리한 환경에서 교육시키는 것도 다 좋은 일일 겁니다. 골프를 잘 쳐서 아마추어 수준을 넘는 것도 박수를 보낼 일입니다. 유수의 학회지에 등재되는 훌륭한 논문을 쓰는 것도 아름다운 일이고 박사가 되고, 총장이 되고, 고위 공직자가 되어 집안과 가문을 빛내고 스스로에게 자랑스러울 업적을 쌓는 것도 멋진 일이며, 부러운 것이기도 합니다.

그러나 한 번이라도 지인들과 콜레스테롤 수치나 혈당 수치, 고혈압, 당뇨 등 지병이 있는지 여부, 정신적 건강함이나 보편적 가치관을 견지하고 사는지의 여부 등으로 대회를 연 적은 없어보입니다.

속된 말로 세상에 오는 것은 순서대로지만, 가는 것은 그렇지 않다고들 하죠. 맞는 말입니다. 그래서 저는 자신과 자신으로 인해 존재하고, 커가는 다른 영혼들을 위해서 가장 중요한 것은 바로 경쟁과 성공을 위한 노력의 틈 사이로 보이는 희미한 손짓을 기억하는 것이라 생각합니다.

그 손짓은 건강을 돌아보는 것이며, 특히 정신적으로 온화하게 화를 다스릴 수 있게 되었는지를 성찰하는 것입니다. 또한 중독된 모든 것에서 탈피할 수 있도록 노력하는 것일 것입니다.

마지막으로 각자가 딛고 서 있는 위치에서 무언가 선의로 한 일, 또는 더 많은 다수를 위해서 시작한 일, 또는 그렇게 겉으로 포장된 것들으로 인해 박탈의 서러움으로 우는 이가 있는지 살피는 것 또한 중요한 가치라 저는 생각합니다.

영화 〈생존자들(Against the Sun, 2014)〉은 실화를 바탕으로 한 생존 기록입니다.

2차 세계대전 당시, 태평양 상공을 날던 전투기가 추락하면서 세 명의 군인이 작은 구명보트에 의지해 37일간 바다 위를 표류합니다.

타는 듯한 갈증과 굶주림, 화상과 상처, 죽음의 공포가 이어지는 그 절망의 시간 속에서, 주인공 중 한 명이 이렇게 말합니다.

"계획은 인간이 하지만, 결정은 신이 하는 것이야."

짧지만 깊은 이 한마디는, 우리가 살아가며 마주하는 수많은 불확실성과 고통 앞에서 어떤 태도로 서야 하는지를 일깨워 줍니다.

오늘 하루, 우리는 무엇에 기대어 이 고통과 불안을 견디고 있을까요?

무언가를 이루려는 자는 그 불확실성이 두렵고, 이미 이룬 자는 그것을 지켜내야 한다는 불안에 시달립니다.

그러나 되돌아보면 삶은 언제나 그러했습니다.

때로는 기대가 무너지고, 때로는 끝이 보이지 않는 터널 속을 걸어야 했지만, 결국 지나가지 않은 고통은 없었습니다.

결국 우리가 붙잡을 수 있는 힘은 희망이며, 또 하나는 사랑입니다.

때로는 너무도 진부해 보이지만, 끝내 우리를 살게 하는 단어이기도 합니다.

어제의 고통이 지나갔듯, 오늘의 고난 또한 언젠가는 기억 속의 한 페이지로 남을 것입니다.

그 사이에 있는 것은 우리를 걱정해 주는 사람들의 마음, 스스로를 지탱하는 노력과 집념, 그리고 언젠가 한 번은 다가올 '나의 시간'을 믿는 신뢰일 것입니다.

지금, 계절은 또 한 번 순환하며 겨울로 들어가고 있습니다.

아직 우리 손에 쥐어지지 않은 바람과 소망이 있지만, 잿빛 구름이 걷히면 결국 빛나는 햇살이 드러나듯, 기다리던 아가도 그렇게 와줄 것이라 저는 믿습니다.

부디 오늘 하루는 조금 더 평온하게 잠드실 수 있기를 바랍니다.

그리고 내일의 햇살이 다시 여러분의 창가를 비추기를 기도합니다.

"다 잘 해결될 것입니다."

그 믿음이 오늘을 견디게 하는 힘이 되기를 바랍니다.

힘든 시간들이라도 오늘을 열심히 살아야 할 이유가 있다면

우리가 같은 곳을 볼 때, 그때 우리는 우리 서로를 바라보고 있지 않습니다.

그래도 우리는 느낄 수 있죠.

우리가 같은 생각을 할 때, 그 토대 위에 우리는 말할 필요 없이 서로를 압니다.

그렇게 우리는 느낄 수 있죠.

늘 문제는 우리가 다른 생각을 하면서 서로 바라볼 때 생겼습니다.

그때도 우리는 느낄 수 있기 때문입니다.

믿어주기를 바라는 것은 믿음 자체로 해결될 수 있다는 헛된 믿음에서 비롯되곤 하지만

믿어준다고 해서 사실 자체가 달라지는 것은 아무것도 없기에

현실은 추운 겨울 호숫가의 얼어붙은 얼음과 같이 언젠간 부서질 날만 남은 허상일지도 모릅니다.

그럼에도 불구하고 우리는 망각이라는 효과적인 지우개와 용서라는 아름다운 희생을 무기로 지니고 있습니다.

스스로의 주관적 세계 속에서 판단하고 사는 나머지, 타인에게 상처를 준 것은 인지조차 못하고, 별일 아닌 것에는 큰 자책의 회초리를 휘두르며 사는 오늘의 우리는 한 해가 다 저물어가는 춥고도 스산한 이 한 해의 끝자락에 서서 또 한 번의 다음 해를 기다립니다.

한때는 많은 사람들과 친구가 되었습니다. 친구인 줄 믿은 것이겠죠.

친구의 의미조차 알지 못하는 채 사람들의 이름과 헛되고 헛된 자리들만 허공에 부유하는 수많은 시간들이 흘러갔습니다.

얼마나 많은 실수와 헛된 약속들이 과거로 흘러갔는지조차 알 수 없는 오늘, 저는 다시 한 번 생각해 봅니다.

사람이 사람을 알아본다는 것, 그것은 무엇일까.

그가 탁월하든 그렇지 않든, 지식이 깊든 얕든, 삶의 고통을 꿋꿋이 견뎌냈든 혹은 회피했든 간에, 오랜 시간을 함께해 온 진짜 친구라면 그 모든 모습을 액면 그대로 인정하고 곁을 내어줄 수 있어야 합니다.

그럴 수 있는 관계야말로 우리가 감히 친구라 부를 만한 것일 것입니다.

내가 그런 사람이 되기는 참으로 어려운 일이나, 되려고 내년에는 노력이라도 해보아야 하겠습니다. 그런 사람을 친구로 가진 사람은 그래서 늘 부럽습니다.

또한 같은 생각과 말과 행동으로 동시대의 보편적인 가치관을 지키며 사는 부부 역시 가장 아름다운 친구 사이라 감히 말해볼 수 있겠습니다.

별이 북극성 사이로 빛나고, 툰드라 얼지 않는 저문 땅의 한기가 하늘의 구름과 한 방울 수증기까지 끌어모아 마침내 가장 얼음 두꺼운 곳으로부터 바람과 눈이 같이 불고 내립니다.

그 눈은 하늘을 가리고 세상을 가리고 내 마음속에 쌓여 흔들립니다.

내일은 다시 눈이 그치고 햇살을 느낄 수 있을까요?

알 수 없지만, 언젠가 그날이 온다는 것을 우리는 모두 압니다. 물론 눈이 그친 세상이 반드시 찬란하거나 완벽하지 않을 수도 있습니다. 그러나 기다림과 그리움은 아름다운 것과 아름다운 사람만을 위한 것이 아니기에 나는 오늘도, 내일도 다가올 시간들을 믿으며 살아갑니다.

집착의 고리를 끊는 것만으로도 해탈이라고 합니다.

생각의 고리가 무한히 이어지면 집착이 된다고 합니다.

생각은 또한 객관적인 것이 재료이지만도 않습니다.

상황이 생각을 만들어 냅니다.

아무것도 하지 않는 것이 어떤 일도 만들지 않겠지만 상황은 아무것도 하지 않는 것까지 포함하고 있기 때문에 생각은 필연입니다.

즉, 살아 있는 동안 무엇인가 발생하고, 그것에 대해 생각하고, 판단하고 다시 행동하면 상황들의 연쇄고리가 무한정 이어지고, 이 고리의 일부가 엉키면 우리는 당황하게 되는 것이죠.

'난마'라고 부르기도 하는 이 엉킨 부분으로 생각이 집중되면 집착이라는 결과물이 만들어 질 때가 있습니다.

집착적 사고는 최악의 상황을 상정하여 부정적으로 흘러갈 때 파괴적 성향을 드러내게 되고, 결과는 참으로 좋지 않습니다.

하지만 우리는 이미 이런 상황을 돌파할 수 있는 힘을 스스로의 내면에 품고 있습니다.

돌이켜보면 누구나 죽을 만큼 힘들었던 날들이 있었습니다. 그때의 문제는 해결되었든, 그냥 그런 채로 흘러보냈든, 결국 우리는 그 시간을 지나 지금 이 자리에 서 있습니다.

그 시련을 견뎌내고 이겨냈던 경험이야말로 오늘의 나를 지탱하는 가장 확실한 증거입니다. 그러니 지금 앞을 가로막는 고통과 두려움

앞에서도 스스로를 믿어야 합니다.

"그때도 견디고 이겨냈으니, 지금의 이 상황도 나는 반드시 견디고 이겨낼 수 있다."

그 믿음 하나가 새로운 용기와 숨을 불어넣어 줄 것입니다.

무소의 뿔처럼 혼자서 가라 <불경 '숫타니파타' 중에서>

제가 지금부터 드릴 말씀은 부처님의 말씀 중 일부입니다.

그저 부족한 일반인으로서 법정 스님이 쓰신 책을 읽고 느낀 소회 정도로 받아들여주시면 좋겠습니다. 경전의 해석과 불교적 성찰까지 이르는 길은 아예 알 길이 없으니 단지 스스로의 삶 속에 글의 의미를 새겨보고자 함에 뜻이 있음을 미리 밝힙니다.

저는 불교 신자는 아닙니다.

하지만 불교가, 부처님이 종교와 신이 되기 전에 했던 짧은 말씀들의 묶음 하나가 구전되고 살아남아 책이 되고 읽히면서 오랫동안 우리들을 감동시키고, 감화시키고, 순화시키고 있음을 감사합니다.

어리고 어리석어 글을 읽으나 뜻을 모르고, 듣기는 하나 이해를 못하고, 보기는 하나 깨닫지 못하는 저에게 숫타니파타라는 경전은 깜짝 놀랄 진실을 이야기합니다.

숫타라는 말의 의미는 말의 묶음이란 뜻이고, 니파타는 모음이라는 뜻입니다.

즉 부처가 했던 말들을 모은 경전이란 것이지요.

기원전에도 사랑은 기다림과 그리움을 동반하고 필연적으로 괴로움에 처하게 된다는 것을 이 경전은 보여줍니다.

"서로 사귄 사람에게는 사랑과 그리움이 생긴다. 사랑과 그리움에는 괴로움이 따르는 법. 연정에서 근심 걱정이 생기는 줄 알고 무소의 뿔처럼 혼자서 가라."

즉 2,500년 전에도 우린 사랑과 소유욕의 경계에서 헤매고, 식을지 모를 사랑에 괴로웠고, 소식 없는 사랑으로 근심했던 것입니다.

그러나 지난한 시간이 흐른 지금도 거의 대부분의 사람들은 연정으로 생긴 근심과 걱정의 연기 속을 부유하고 있지요. 쉽지 않은 이야기입니다. 이 근심에서 자유로워지기는…….

경전은 또 이렇게 말합니다.

"탐욕과 혐오와 헤맴을 버리고 속박을 끊어 목숨을 잃어도 두려워하지 말고 무소의 뿔처럼 혼자서 가라."

엄청난 이야기를 하고 있습니다.

속박을 끊음.

스스로 구속되어 나중에 출구를 찾지 못하는 상태에서 벗어날 수 있는가를 말하고 있습니다.

속박의 의미는 자유의지로 본인이 선택한 어떤 것, 일, 사상, 조직 등에 속해 탈출하지 못하게 된 상태입니다. "배운 게 도둑질"이란 말이 가장 쉽게 속박을 대변합니다.

가장 큰 속박의 원인은 탐욕이겠지요.

포만감 없는 식사같이 무서운 것은 없습니다.

결국은 스스로를 혐오하고, 다른 것을 혐오함으로써 사람들은 그 인생에서 탈출구를 찾지 못하고 헤매게 되는 것입니다.

브레이크 없는 열차나 멈추면 쓰러지는 팽이 같은 삶이 얼마나 많습니까?

저 역시 그렇지 않다고 말할 수는 없으니 말입니다.

탐욕은 매우 고통스러운 욕구입니다. 발을 처음 내디딜 때는 주어진 것들에 항상 감사하지만 유지할 수 있을지, 밟히지는 않을지, 뺏기지는 않을지 두렵게 되어갑니다.

두려움은 상황을 빨리 끝냈으면 하는 마음을 불러오고, 일상의 작은 행복들은 다 부질없고, 십수 년 또는 수십 년 후가 빨리 오기를, 빨리 늙어버리기를, 그래서 두려움이 사라지길 소망합니다.

두려움이 빨리 늙어 죽어버리기를 바라도록 한다니 무섭고 놀라운 일이 아닐 수 없습니다.

속박에서 벗어나는 방법은 답이 없습니다.

각자의 삶에서 지혜롭게 그 길을 찾아가는 것이겠지요.

마지막 구절이 가장 잘 알려져 있는 문구입니다.

"소리에 놀라지 않는 사자와 같이, 그물에 걸리지 않는 바람과 같이, 흙탕물에 더럽혀지지 않는 연꽃과 같이 무소의 뿔처럼 혼자서 가라."

강하고, 의연하며, 부드럽고, 실체가 없어 보이나, 도도하면서 깨끗하고, 외로우나 흔연히 자기의 길을 가라는 말입니다.

살다가 깜짝 놀랄 일을 만나곤 합니다.

극단의 고통이나 예고된 불행 앞에 서 있는 우리들은 무소의 뿔처럼 혼자서 갈 수 있을까요?

부처님께 묻고 싶습니다.

혼자가 아니라 가족이 있고, 호구책이 있어야 하고, 세상은 점점 복잡해지고, 정글과 같은 약육강식의 논리가 판을 치는 지금, 무소의 뿔처럼 갈 방법은 무엇인지 말입니다.

늘 그래서 이 생각을 합니다.

우리 모두는 인생의 첫날과 마지막 날을 공평히 나눠 가졌으니 다가올 시련도 다들 나눠 가졌으리라 하며 하루를 살아가는 것이 정도가 아닐까.

그래서 그 시련이 미리 예고된 것이나, 일어날 개연성이 있었거나 그러한 징후가 있었던 시련에 대해 감사하고, 시련의 크기가 각자의 능력의 한계를 넘어서질 않기를 바라고, 설령 그 한계를 넘어버릴지라도 과거의 어느 날, 나의 인생의 고난의 그날, 내 운이 좋아서 그랬던지, 주위 분들이 도와주었던지 간에 용케도 잘 넘어갔던, 수습했던, 피해갔던 과거의 순간이 또 재현되리라 생각하는 긍정적 습관을 되뇌는 것 정도로 살아가야 하지 않을까.

마지막으로 우리가 깨달음을 얻고, 어떠한 경지에 다다를 일은 거의 없으니 오늘 하루 타인이 주는 불쾌감에 초연할 자신만의 방법을 찾고, 나로 인해 다른 이가 겪었을 작고, 큰 고통을 용서해 주길 바라면서 잠자리에서 불면에 시달리지 않을 정도의 하루를 보내길 그저 바라봅니다.

또한 이에 더해 해결되지 못한 것들에 대한 길을 찾고 있는 이 시간들 속에 다른 많은 이들의 충고가 참견이 되어버리고 배려가 동정처럼 느껴져 버리지 않기를 다시 한 번 기원합니다.

비가 내리는 새벽입니다

비가 내리는 새벽입니다.

집 앞 산하를 감고 도는 안개 사이로 투닥이며 이파리들이 흔들리며 비가 옵니다.

베란다 커다란 창밖으로 구름은 이리저리 흐르고, 잿빛 구름들 아래 어둑어둑한 공기가 서늘하게 깔리는 9월의 어느 날.

생각을 해보면 많은 일들이 있었던 것 같습니다.

일어나지 않아야 할 일들을 겪으며, 다들 정신의 피폐함이 얼마나 고통스러운 것인지 절감하며 되풀이 되지 않기를 희망할 것입니다.

그러한 분들 모두는 슬픔 한 스푼을 더 새까만 커피에 타서 한 잔 마시며 하루를 시작할 테지요. 그러다 보니 무료함이란 것이 얼마나 아름다운지 새삼 깨닫습니다.

수많은 정보와 자신에 대한 평가와 그리고 그에 대한 비교가 난무하고 거짓과 선동과 확증편향으로 가득한 신념들 속에서 오롯이 혼자만의 올곧은 생각을 견지하고 가끔은 타인과 동떨어진 자신만의 시간을 가지기 매우 어려운 시대에 우리는 살고 있습니다.

그래서 요즘의 삶이란 고독이란 단어가 곁에 오기엔 너무 어려운 것일지도 모르겠습니다.

간단한 예만 들어봐도 개인과 개인을 이어주는 휴대폰이 있기 때문입니다. 지나치게 연결되어 있는, 즉 초연결사회에서는 소외의 공포나 혼자만의 일상이 사라지는 것에 대한 슬픔이 진하게 배어납니다.

그래서 확실한 것이 다 좋은 것인지는 잘 모르겠습니다.

불가의 위대한 스님들 중에 이런 말씀을 하신 분들이 있습니다.

“사유를 깊게 하지 말고, 그냥 할 뿐!

왜냐하면 우리가 아는 것이 아무것도 없을 뿐이니….”

일어나지 않을 상황을 상정해서 생각을 하고, 그 생각이 다른 생각을 끊임없이 확대 재생산하는 과정을 경험해본 사람이라면 오히려 깊이 생각하지 않는 것이 얼마나 어려운 것인지 알게 됩니다. 타인의 마음을 알지 못한 채 그의 마음속의 나와의 관계에 악영향을 주었을 말과 행동을 어떻게 희석할지 고민할 때, 상대방은 전혀 관심도 없었다는 사실을 우리는 알지 못합니다. 이 사유행위는 사실 스스로를 가장 괴롭히는 방어기제 중 하나입니다. 이런 식의 습관을 지속적으로 가지고 있으면 자신에게 향하는 화살 시위를 당기는 것과 다를 게 없기 때문입니다.

나이키의 유명한 슬로건 “Just do it”은 불가의 가르침과 매우 흡사합니다.

beyond, more~, valuable 따위의 좋은 단어들을 제치고 ‘just’란 단어를 쓰다니….

우리 말로 번역하자면 “그냥 해!”, “일단 해 봐”, “그냥 할 뿐” 정도 아닐까요?

이 슬로건을 사용한 후 나이키의 매출이 크게 상승했다고 합니다.

너무 많은 생각 속에서 헤매고, 다양하지 못한 사유의 틀 속에서 갇혀있는 우리들은 하나의 이벤트를 다른 시각에서 볼 수 없으니 매사가 불확실하게 느껴지는 것은 당연할지도 모릅니다.

정말 제가 아는 것은 아무것도 아는 게 없다는 것 정도인데, 오늘 이제 비는 멈추고, 차들은 도로를 달리고, 일상은 그렇게 또 흘러갑니다.

오늘 하루는 많은 생각이 필요 없고, 별다른 자극을 수용할 필요 없이, 물 흐르듯 지나갔으면 합니다. 그런 하루가 모여서 삶이 되니 말입니다.

그래서 저는 그렇습니다.

아기를 기다리는 이 시간 속에서도 조바심과 걱정을 잊기 위해 온라인의 sns에서 위로를 찾기도 하지만 그렇게 알게 된 한 분 한 분이 임신이 되었다는 소식을 들을 때마다 반대로 더 쫓기는 상황이 심해질 수 있기에 이런 활동도 맘카페의 정보도 장점과 단점이 공존한다는 것을 알고 마음의 정화와 평온함을 얻는 곳은 여기가 아니란 것도 아셔야 합니다.

모두 원하는 종착역에서 환하게 웃기를 바라며 이만 마칩니다.

생각을 깊게 하지 말고 그냥… 그냥 해봅시다.

엄청난 것을 달라는 것도 아니고 평범한 엄마 좀 되게 해달라는 건데 들어주실 거라 믿으며 말입니다.

감사합니다.

위로는 영혼의 양식이다

위로는 영혼의 양식입니다.

삶의 힘든 순간뿐만 아니라 일상의 수많은 상황 속에서 우리는 위로를 필요로 합니다.

좋은 위로는 다시 안정을 찾도록 이끌어주고, 그 속에서 우리는 서로 가까워지며, 서로에게 기운을 북돋아 줄 수 있습니다.

그리하여 힘든 상황이나 상처를 조금 더 쉽게 넘어설 수 있도록 도와줍니다.

새벽, 어슴푸레 밝아오는 여명 사이로 가을을 알리는 제법 서늘한 공기에 잠을 깹니다. 베란다엔 얼마 전에 심어놓은 작은 담쟁이 씨앗이 자라나 지지해주려고 꽂아놓은 얇은 철심을 넘어 커튼을 올리고 내리는 줄을 감고 천장까지 올라가 있고, 작은 꼬마귤나무는 일 년에 몇 차례 열매를 맺고 지금은 푸른 잎을 새벽 바람에 가지런히 내어놓고 쉬고 있습니다.

그래서 또 이렇게 한 번의 가을이 우리네 곁에 오고 있음을 느낍니다.

이 계절이 주는 풍미는, 가을이라는 계절이 풍기는 향기는 결실이면 좋겠습니다. 많은 시간이 흐르고, 짧지 않은 기다림이 가슴속을 애절함으로 물들여갈 때 마치 이렇게 될 것처럼, 정해져 있었던 것처럼 결실의 순간이 다가왔으면 좋겠습니다.

삶이 무엇일까 생각해 봅니다.

기쁜 순간은 그저 작은 떨림처럼 지나가고, 많은 시간들을 해결하지 못한 것들과 꼭 만나야 할 것들에 대한 갈망으로 살아가고 있으니 행복은 과연 우리 곁에 함께하는 가치인지 알기 어려울 때가 많습니다.

어린 시절 작은 것들에 설레고, 기다려지고, 환하게 웃었던 기억들이 이젠 가물가물, 그저 부유하는 먼지처럼 아득하고 잡을 수 없는 추억 속에만 살아 있습니다.

설렘! 정말 설레어본 적이 언제인지 기억이 있으신지요?

사랑을 하고 결혼을 하고 가정을 이루어 하나하나 맞지 않는 부분들을 맞춰가고, 부족한 부분들을 채워가고, 잘못된 부분들을 어루만져주며 살아가고 있는 대부분의 평범한 부부에게 찾아오지 않는 아가에 대한 갈망과 조바심은 그저 참아내기엔 너무도 큰 고통이 될 수 있으리라 생각합니다. 하지만 저와 만났던 수많은 분들 중 어떤 분들은 심지어 저조차도 너무 어렵지 않을까 하는 걱정을 하였지만 결국 아가를 품에 안고 댁으로 가시는 기쁨을 맛보았습니다. 그래서 제게 포기란 단어는 없습니다.

될 수 있으면 빨리, 될 수 있으면 마음고생 덜하고, 경제적인 손실을 최소화하면서 건강한 아가를 품에 안고 귀가하는 모습을 보는 것이 저의 목표입니다.

손에 쥐어지지 않은 이 순간, 많은 분들이 초조하고, 힘들어 합니다.

당연한 일이겠지요.

시간은 가고, 결실은 없고, 바라는 이들은 많고, 지켜보는 이들의 시선도 많으니 왜 힘들지 않겠습니까?

게다가 노력한다고 무조건 되는 일이 아니고, 남편과 아내 모두가 같은 방향을 바라보고, 같은 마음을 가지고 해야 하는 일이라 더더욱 어렵고 힘든 여행이 되는 것이겠지요.

위로란 단어는 엄마의 품속 같은 말입니다.

바람이 매섭게 불고, 눈보라가 몰아치는 밤.

혼자서 걷는 들판 너머에 보이는 가물거리는 불빛.

황량하고, 어두운 이 삶의 광야에 희미하게 어른거리는 희망의 불빛.

그 결실의 순간을 위해 걷는 당신의 무거운 발걸음에 떨어지는 눈물 한 방울의 의미를 기억하려 합니다.

그래서 비록 이번에는 실패하였더라도 결코 좌절해서는 안되는 이유를 공유하고자 합니다.

우주 저 먼 곳 어디에선가 그 작은 발걸음을 한 발자국씩 걸어오는 님 부부의 소중한 아가를 만나러 가는 여정이 얼마나 소중한지 잘 알고 있습니다.

그래서 늘 세심히 살피고 염려하여 시술을 진행하고, 설명을 드리고 있지만 부족한 부분들 역시 존재하는 것 같습니다.

하지만 최선을 다하는 의료진의 마음과 부부의 정성이 모이면 결실의 순간은 반드시 오리라 믿습니다.

9월이 시작되었습니다.

건강 조심하시고 이 글을 읽고 계시는 모든 난임 부부들에게 내년 추석 즈음에는 유모차를 사러 가는 평범한 기적이 함께하길 빕니다.

흔들리는 날들 속에서 올곧이 사는 방법에 대해

어느 날 문득, 바람이 다르게 불어오는 순간이 있습니다.

익숙했던 창밖 풍경이 낯설게 보이고, 당연하다고 여겼던 것들이 흔들릴 때가 있습니다.

그날, 싯달타는 처음으로 세상의 진실을 마주하게 되었습니다.

왕궁에서 자란 그는 오직 젊음과 즐거움만을 보며 살아왔습니다.

푸른 정원에서 노닐고, 달콤한 과일을 맛보며, 웃음이 넘치는 축제 속에서 시간을 보냈지요.

그러나 어느 날, 궁전의 높은 장막을 벗어나 바라본 세상은 전혀 달랐습니다.

그곳에는 병든 이, 늙은 이, 죽음, 화장터의 연기, 흐느끼는 사람들이 있었습니다.

그제야 그는 깨달았습니다.

삶은 단순한 기쁨만으로 이루어진 것이 아니며,

세상은 자신이 알던 것과 전혀 다르다는 사실을요.

그 길 끝에는 반드시 죽음이 기다리고 있었습니다.

그것은 누구도 피할 수 없는 진실이었습니다.

결국 그는 길을 떠났습니다.

왕궁의 비단옷을 벗어던지고, 가장 남루한 차림으로 보리수나무 아래에 앉았습니다.

무엇을 깨닫게 될지 모른 채, 바람이 지나가는 소리를 들으며 긴 시간을 보냈습니다.

그리고 마침내, 그는 깨달았습니다.

현악기의 줄을 너무 느슨하게 하면 소리가 나지 않고, 너무 팽팽하게 조이면 끊어지듯이,

삶 또한 극단으로 흐르면 그 본질을 잃어버린다는 것을요.

그것이 바로 중도(中道)였습니다.

시험관아기시술을 진행하는 많은 부부들이 하루에도 수없이 걱정 속에서 살아갑니다. 오늘 맞은 주사 한 대가, 오늘 마신 한 모금의 물이, 조금 늦게 잔 잠이, 혹시 결과에 영향을 미치지 않을까 하는 생각들이 끝없이 이어집니다. 그래서 어떤 면에서는 노력이지만 또한 다른 면에서는 너무 지나친 많은 것들 생각하고 행동으로 실천합니다. 운동이 좋다니 하루 종일 체력 생각하지 않고, 지나치게 달립니다. 추어탕이 좋다니 몇 날 며칠을, 삼시 세끼를 추어탕으로 연명합니다. 한약이 용하다 하니 한 달 내내 여기저기 전국 방방곡곡을 돌아다니며 약을 지어 먹습니다.

맞습니다. 뭐라도 해야죠.

그런데 정말 그런데 말입니다 .

이 모든 것이 평정심을 깨고 있다는 사실, 이걸 알아야 합니다.

노력하되 지나치지 않게 사셔야 합니다.

그게 우리가 할 수 있는 중도의 길일 겁니다.

물론 살다 보면, 또한 어떤 일을 해내야 하는 과정에 있을 때를 놓고 보면,

어떤 날은 오늘의 걱정이 내일을 삼켜버릴 것처럼 커 보이고,

어떤 날은 지나간 후회가 발목을 잡아 앞으로 나아갈 수 없게 만듭니다.

불안은, 마치 손에 쥘 수 없는 안개처럼 우리의 삶을 가득 채웁니다.

그러나, 걱정이 구슬이라면 어떨까요.

크고 작은 걱정들을 한곳에 마구 담아두기보다,

각각의 그릇에 담아 바라볼 수 있다면요.

그렇게 하면, 우리는 알게 됩니다.

불안과 걱정만이 있는 것이 아니라,

그 사이사이에 소소한 행복과 뜻밖의 행운이 함께 자리하고 있다는 것을요.

오늘 하루, 우리가 무탈하게 시험관아기시술을 진행할 수 있음에 감사하고, 또 한 번의 기회를 가질 수 있음에 감사하며, 이 길을 걸어가는 모든 과정 속에서 틈과 여지가 있음에 다시 한 번 감사하면서 하루를 살아내었으면 합니다.

삶은 어차피 흔들리는 것입니다. 그러나 너무 느슨하지도, 너무 팽팽하지도 않게, 평온한 숨을 쉬며 하루하루를 살아가는 것. 이것이 지금 불확실성을 대하는 우리의 자세라 저는 생각합니다.

고요함으로 세상을 마주하는 법

살다 보면 참 별일이 다 일어납니다.

길을 걷다 어깨를 부딪혔는데, 상대가 험상궂은 얼굴로 욕을 퍼붓고 시비를 걸어올 때가 있습니다.

순간, 저도 모르게 똑같이 소리치고 싶은 충동이 올라올 수 있습니다.

하지만 그럴 때마다 마음속으로 이런 상상을 해봅니다.

그 사람이 품고 있던 분노, 불안, 슬픔 같은 감정의 찌꺼기를 나에게 던진 거라면, 내가 그에 반응하는 순간 나는 그 쓰레기를 받아들이는 쓰레기통이 되는 셈이 아닐까요?

결국, 나도 똑같은 감정의 오물 속에 들어가게 되는 것이지요.

그래서 저는 요즘 '심리적 반사(反射)'라는 것을 연습합니다.

누군가 나에게 좋지 않은 말을 하거나 예의 없는 행동을 했을 때, 그 감정을 나에게 들이붓도록 내버려두기보다, 그것을 고요하게 튕겨내는 연습입니다.

이야기 하나 하겠습니다.

제가 사는 아파트에서 겪었던 일입니다.

사는 층 아래 거주하는 집의 아이들인데요. 엘리베이터에서 몇 년째 인사 한마디 없는 그 아이들을 보면 가끔 마음이 불편해질 때도 있습니다.

하지만 곰곰이 생각해 보면, 그 아이는 단지 '그렇게 자라온 것'뿐입니다.

어쩌면 공감이나 예의를 배울 기회조차 없었을 수도 있습니다.

내가 화를 내거나 마음 상해할 이유는 없다는 걸 깨닫게 됩니다.

그 아이는 자라서도 사람들과의 관계에서 어려움을 겪을지 모릅니다. 그게 그 아이 인생의 짐이지, 내 삶의 몫은 아니니까요.

사람의 말과 행동에 민감하게 반응하는 것은 결국 나도 같은 반응의 사람이 된다는 뜻입니다.

타인의 미성숙함에 나의 성숙함을 빼앗기지 않으려면, 나는 단단해야겠다는 생각을 자주 하게 됩니다.

그리고 걱정에 대해서도 요즘은 생각이 좀 달라졌습니다.

우리는 살면서 수없이 많은 걱정을 합니다.

하지만 돌아보면, 그 걱정 중 대부분은 실제로 일어나지도 않았고, 설사 일어났더라도 내가 밤을 새워가며 걱정한다고 바뀌는 일은 거의 없었습니다.

그래서 저는 통제할 수 없는 것에 대해서는 내려놓고, 기도를 합니다.

그리고 아직 바꿀 수 있는 것, 여지가 남아 있는 부분에 대해서는 최선을 다해봅니다.

그 경계를 구분하는 것만으로도 마음은 훨씬 단단해지더군요.

걱정은 파도처럼 반복됩니다.

놀라고, 당황하고, 서둘러 뭔가를 결정하고, 그 결과로 실수가 생기고, 그 실수가 다시 걱정으로 돌아오는 악순환이 생깁니다.

이 악순환의 고리를 끊기 위해 필요한 것은 아주 단순한 진리입니다.

'지금 할 수 있는 것만 하자. 그리고 나머지는 잠시 내려놓자.'

마지막으로, 저는 종종 사마천의 삶을 떠올립니다.

그는 궁형이라는 치욕적인 벌을 받았지만, 그 이후에 『사기』라는 위대한 기록을 남겼습니다.

그가 『사기』에서 쓴 문장 중 하나가 유난히 마음에 남습니다.

"착하게 산다고 해서 반드시 가족이 잘되고, 본인이 오래 산다는 법은 없다."

그럼에도 불구하고 우리는 왜 진실되게 살아야 할까요?

저는 그 이유를 '자식'에게서 찾습니다.

내가 저지른 실수, 내가 만든 어두운 흔적이 결국은 내 아이에게로 흘러갈 수 있다는 사실을 알게 되면,

스스로를 단속하게 됩니다.

자신의 행동에 책임을 지고, 다음 세대에게 부끄럽지 않게 살아야겠다는 생각이 절로 듭니다.

진심으로 살아간다는 것은 세상을 거창하게 바꾸는 일이 아닙니다.

그저 내 안에 고요한 연못을 하나 마련하고, 누가 돌을 던지더라도 그 물결을 억지로 가라앉히지 않고, 조용히 잔잔해질 때까지 기다리는 것.

그것이야말로 지혜롭게 살아가는 법이 아닐까 싶습니다.

오늘도 여러 가지 자극과 걱정 속에서 마음을 다스리는 하루가 되기를 바랍니다.

우리가 남과 달라지는 순간은 '반응'이 아니라 '반사'를 선택할 때입니다.

4. 내일의 당신이 오늘의 당신에게 건네는 위로

감사한 마음으로 보내온 특별한 편지 한 장

저녁 어스름부터 서쪽 하늘이 잿빛 구름에 덮이더니 늦은 밤부터는 봄비가 내렸습니다. 차가운 새벽에 일어나 베란다에 나와보니 아파트 뒤론 몇 잎 남지 않은 벚꽃이 하늘거리며 날리고, 그 바람을 타고 반가운 손님처럼 빗방울이 떨어집니다. 이런 새벽이면 여태 해놓지 못한 일들에 대한 아쉬움과 해야 할 것들에 대한 부담감조차도 잠시 잊게 되곤 합니다.

우린 무엇을 위해 이렇게 불안한 마음을 애써 감추며 하루를 보내고, 이 새벽을 맞이하는 것일까요? 그저 주어진 삶이기에 살아내야 한다고 말하기엔, 알 수 없는 미래에 대한 불안이 주는 무게는 결코 가볍진 않습니다.

유리창을 때리는 빗줄기는 제법 둔탁한 소리로 가슴을 흔들고, 멀리 순환도로를 오가는 차들의 불빛이 흐릿흐릿 번져가며 지나가는 오늘. 일상은 그래도 시작되고, 작지만 하나라도 성취되는 일이 있었으면 하는 작은 바람을 가지고 베란다의 작은 탁자에서 일어섭니다.

법정 스님의 말씀입니다.

"당신들이 불행한 이유는

당신들이 가지고 있는
좋은 옷과 가구와 재산들이

너무 많은 시간들을 빼앗아버려
당신들은 기도하고 명상할
시간들이 없기 때문인지 모르겠다."

스님의 입장에서 볼 때 우리가 가진 모든 것은 항상 좋고, 많고, 넘칩니다.

우리의 입장에서 우리가 가진 것들은 늘 나쁘고, 부족하고, 심지어는 없으니만 못합니다. 그래서 행복하지 않다고 생각하는 지도 모르겠습니다.

하지만 한 가지, 아기를 기다리는 것은 절대 넘치는 과욕이 아닌 까닭에 오늘도 많은 미래의 엄마는 불확실한 미래로 인해 불안한 마음으로 이 하루를 시작할 것입니다.

4년을 기다린 부부가 있었습니다.
국립대학병원에서 난임 진단을 받고, 여기저기 용하다는 한의원에서 약도 먹고, 서울까지 그 먼 거리를 다니면서 치료를 하였지만 임신 소식은 없었습니다.

늦은 나이의 결혼이라 더 조급하고, 불안한 것이 사실이지만 그렇다고 해결의 기미는 보이지 않아 이런 행복을 자신이 누리지 못해 이 아침에도 엄마는 얼마나 가슴 아파 하고 있을지 상상조차 하기 힘들었습니다. 삶이 버겁고, 자신에게 주어진 이 짐의 무게를 가늠하기조차 할 수 없음을 절감합니다.

시간이 흘러 2020년이 되어 부부는 다시 병원을 찾았습니다.

처음 만난 의사와 많은 이야기를 나누었고, 해결된 것은 없지만 가슴속이 후련해지는 환한 느낌을 오랜만에 느꼈습니다. 그리고 두 달 후 개나리가 그 새순을 노랗게 내놓은 올 봄에 어렵게 각오를 하고 찾은 병원에서 상담 후 초음파 검사를 하였더니 아기집이 보였습니다.

마침내, 자연적으로 임신이 된 것입니다.

참으로 감사합니다.

그 많은 고통과 고민과 불안에 대한 해결책이 마음속에 있음을 절감한 부부였습니다.

많은 이야기를 했고, 얽힌 실타래를 하나하나 풀어내기 위해 많은 고통을 같이 지고 가자고 결심했지요. 사실 이분은 벼랑 끝에 있는 느낌이었으리라 생각합니다. 시어머니가 결코 받아들일 수 없는 제안을 했기 때문입니다.

여기서 밝힐 수는 없지만 두 번째 찾아온 날 아침 저와 이런 이야기를 하면서 너무너무 속상해하던 모습이 떠오릅니다.

그리고 생리가 없어 초음파 검사를 했더니 아기집이 보이더군요.

저를 만나고 간 주말에 잠자리를 했고 이로 인해 임신이 된 것인데, 저도 그렇고 이분도 그렇게 생각하는 것은 상담을 통해 그동안 가슴속에 쌓였던 응어리가 많이 사라져 버린 주말저녁이 이 기쁨을 만들어 내었다는 것입니다.

아직 해결되지 않은 숙제를 가지고 이 아침 쓴 커피 한 잔에 어둑한 창밖 풍경 속 내리는 빗줄기를 바라보는 님의 미래에도 이런 종착역은 반드시 있습니다.

긴 여정이 될 수도 있고, 다소간은 잘못 길에 접어들었을 때도 있겠지만 결국은 다 잘 해결된다는 것을 믿는 것부터 저는 이 난임의 치료가 시작된다고 믿습니다.

〈보내주신 글〉

임신 사실을 알게 된 지 이제 일주일 되는 날입니다. 아직도 실감이 나지 않고 꿈인가 싶어 자꾸만 초음파 사진을 보게 되네요….

저는 삼십 대 후반으로 늦은 나이에 결혼해 4년 동안 아기를 기다려왔습니다. 그동안 지역 대학 병원을 거쳐 서울에 유명하다는 병원도 다녀보았습니다. 병원에서는 자궁근종 개수가 많으니 자궁을 들어내야 한다고도 하고, 호르몬(FSH) 수치가 높아 폐경기가 가깝고 난소 상태도 안 좋아 시험관마저도 성공할지 염려스럽다는 얘기를 했었습니다. 가능성은 희박하지만 나이가 있으니 하루 빨리 시험관 시도를 하라는 게 선생님들의 생각이었죠.

그동안에 위쪽에서 인공수정도 했었고 배란 유도도 여러 번 했었는데 한 번도 애가 들어서질 않았습니다. 바보 같은 생각이지만 유산되더라도 한번 생기기만 해봤으면 좋겠다는 소망까지 가져보았습니다.

그렇게 4년 동안 눈물의 시간을 보내다가 올해 초 남편의 이직으로 광주로 오게 되었고 병원 때문에 고민하던 때에 친구의 추천으로 김동원 원장님을 찾아뵙게 되었습니다.

원장님과의 첫 대면 날…

저는 그동안의 제 몸 상태에 대해서 말씀을 드렸고, 반 포기한 마음으로 여쭤봤죠. "저…. 임신할 수 있을까요?" 선생님께서는 제 상태에 대해서 다시 한번 꼼꼼히 설명해주시면서 말씀하셨죠.

"임신 꼭 될 거예요. 희망을 가지세요. 잘 될 거라 생각해야지 비관적인 생각을 가지면 절대 안 돼요."

병원에 왔으면 환자분의 상태는 의사가 고민하고 걱정하는 거지 환자는 마음을 다 비우고 편안한 마음을 가져야 한다고 하셨어요…. 마음이 편해야 아이가 온다는… 말씀이셨어요.

사람이 그렇잖아요… 마음에 쌓인 게 너무 많아 힘든데 그거 한꺼번에 털어놓고 실컷 울고 나면 마음이 편안해지는….

그날의 말씀들이 다 기억나진 않지만 주변 친구나 부모님이 걱정해 주는 것보다도 선생님의 따뜻한 그 한마디가 더 큰 위로가 되었던 거 같아요.

그렇게 마음의 위안을 갖고 집에 돌아왔는데 남편이 시험관 하는걸 반대하고 나섰습니다. 좀더 생각할 시간을 갖자고…. 너무나 서운했지만 선생님의 말씀이 생각났습니다. 마음 편하게 먹자… 그리고 병원에 근심 다 덜어놓고 왔으니까 나중에 선생님 믿고 찾아뵙자….

그렇게 두 달을 보냈습니다. 남편이 마음을 먹을 때까지 기다리기로 하였고 제 상태로는 배란도 인공적인 도움을 받아야 가능했기 때문에 그 두 달은 그냥 포기하고 마음 편하게 보냈죠.

그러다 이번 달 생리 날짜가 다가왔는데 시댁에서 또 아기 때문에 좀 마음 상한 일이 있었어요. 그러다 선생님이 생각나서 병원을 찾았죠. 자궁 상태도 살펴보고 시험관 준비도 하려구요. 그리고 그냥 마음이 이끌리더라구요.

그날도 선생님은 일단 저와 상담 먼저 해주셨어요. 다른 병원들은 바로 상태 보고 긍정과 비관 둘 중 하나를 얘기하지만 김동원 원장님은 다르시더라구요. 그날도 그런 말씀을 먼저 하셨어요.

병원에 찾아온 환자는 마음의 치료를 먼저 받아야 된다고 마음을 최대한 편하게 해주신 후에 초음파를 보는데,

자궁 상태에 대해 함께 걱정하시던 선생님께서 초음파를 보자마자 “임신

이네요~ 대박!!"을 외쳐주셨습니다.

전 그때 얼마나 놀랐는지 몰라요. 자궁 상태가 자연 임신이 힘든 상태였기 때문에 생각지도 못했거든요. 선생님께서는 너무 기뻐서 당황해 있는 저를 보면서 다시 한번 다독여주셨고 또 함께 기뻐해주셨습니다. 이게 김동원 선생님의 힘인가 봅니다.

어떻게 저에게 이런 날이 올 수 있었는지…^^

정말 사람은 마음먹기에 달렸나 봅니다. 마음이 치유되면 몸도 함께 건강해지나 봅니다.

저처럼 임신 안 되셨던 분들 다 느끼실 거예요. 매달 어김없이 생리 시작하면 얼마나 펑펑 울었던지… 시댁 식구들의 한마디가 얼마나 상처가 되고 주변에 돌잔치에 가서도 기뻐해 줄 수가 없었던 심정들….

여러분도 마음의 치료부터 받으세요.

난임 전문의가 경험한 신기한 태몽 이야기

이 이야기는 실화입니다.

어느 날 저는 심한 바람 소리에 눈을 떴습니다.

어스름한 새벽의 여명 사이로 회색 구름은 도시의 하늘을 가득 메우고

비와 눈이 섞인 채 공기는 차갑고 음울한 습기에 갇힌 듯 보였습니다.

이런 날은 이불 속에 더 있고 싶지만 준비를 하고 출근을 하는데

미끄러운 도로에 차는 막히고 여러모로 불편한 시간들이 지나갔습니다.

아침에 환자를 보는데 피검사를 한 후 임신 여부를 알기 위한 경우라서 '잘 되었으면 좋겠다'라는 마음으로 결과를 보니 감사하게도 높은 수치로 임신이 되었습니다.

출근길의 짜증이 확 날아가는 감사한 순간입니다.

그런데 이 부부는 사실 특별한 사연을 하나 가지고 있었습니다.

아내는 조기 폐경으로 난자 채취가 불가능한 상태였고, 남편은 별 문제가 없었습니다.

찾아와서 상담 후 동생의 난자를 공여하여 시험관아기시술을 하기로 했습니다.

동생도 결혼을 한 상태였고, 아이들이 둘 있었습니다.

동생 남편의 동의가 이루어졌고

어려운 자매 부부의 결심 속에 드디어 시험관아기시술을 시작했습니다.

난자 채취는 순조롭게 진행되어 배아가 생성되고 이 배아를 언니의 자궁에 이식을 한 후

귀가 전에 저를 만나게 되었습니다.

그런데 저는 그날 새벽에 이상한 꿈 하나를 꾸게 되었죠.

내용은 이렇습니다.

처가에 큰 행사가 있어서 갔다가

손님이 너무 많아 그냥 근처 강가에 갔는데

작은 조각배에 젊은 여성이 앉아 있고

물 속에서 다른 여성이 그 배를 뒤쪽에서 밀고 있었습니다.

그런데 신기한 것은 그 배 뒤에 정말 하얀 동아줄이 묶여 있고

저 뒤로 강보에 쌓인 토실토실 살찐 아가가 웃으면서 동아줄 끝에 매달려

배를 따라 가고 있는 것입니다.

그러다가 어쩌다가 잠에서 깨었죠.

그리고 만난 이식 후 첫 환자가 바로 이 부부입니다. 그래서 웃으면서 제 태몽을 사실 거냐고 했더니 정말정말 받으시겠다고 해서 커피 한 잔에 드렸습니다.

공짜로는 안 된다고 하셔서 남편이 사다주고 가셨습니다.

물속의 여성은 동생이고 배 위의 여성은 언니겠지요.

그냥 혼자 난자 채취해서 이식한 분들에게는 맞는 상황은 아니어서 너무 특별한 경험이었다고 생각합니다.

물론 그냥 꿈이고, 우연이고, 해프닝이라 생각할 수도 있겠습니다.

간절함이 만들어 내는 모든 것을 우리는 설명할 수 없습니다.

하지만 하나 말씀드리자면 간절함은 찾아오시는 부부만 아니라 주치의도 사실 가지고 있습니다.

그렇기 때문에 저와 같은 업을 하는 난임의사는 찾아오시는 부부가 빨리 해결돼서 임신부로 만나는 순간이 가장 행복합니다.

이분들의 경우는 큰 문제 없이 잘 유지하셔서 16주까지 보고

산과병원으로 보내드렸습니다.

가시면서 남편분이 그러더군요

너무 여기를 자주 오다 보니 다른 곳에 간다는 것이 너무 낯설 것 같습니다.

저는 그랬습니다.

그래서 시원섭섭하지만 이렇게 헤어지는 것이 가장 아름다운 이별 아니냐고 말입니다.

그 저녁 퇴근을 하고 지인들과 약속이 있어 만났는데

한 의사샘이 그러더군요.

돈을 받고 하는 직업 중에 고맙다고, 감사하다고 하는 말을 듣는 직업이라면

충분히 보람되는 것이라고.

오늘도 저는 환자를 보고 있습니다.

해결되어 가시는 분들도 있지만 그렇지 못한 분들도 적지 않습니다.

떠나는 분들도 계시고, 다른 곳에서 오시는 분들도 있습니다.

만남과 헤어짐,

진실과 오해가 교차하는 살아 있는 삶의 현장 속에 오늘도 서 있습니다.

제가 늘 이야기하던 이런 말들이 제가 실제 의료 현장에서 실천되도록,

그래서 서운한 사람들이 한 명이라도 줄어들기를 저는 기도합니다.

비가 오는 저녁의 단상

비가 추적추적 내리는 목요일 저녁,
허름한 백반집 식당에서 고등어구이, 김치찌개에 밥을 먹었습니다.

찌개는 찌그러진 양철냄비 속에서 보글보글 끓어오르고
모르는 이들은 한 켠에서 막걸리를 마셔가며 함께 웃어댑니다.
미처 피하지 못한 비를 맞으며 달려가는 연인들과
길 건너 포장마차의 어묵 익는 연기가 빗속에서 같이 흔들립니다.

이럴 즈음에
나는 혼자서 하얗고 뜨거운 밥 한술을 떠서
고등어 꼬랑지의 검붉은 살 한 점 올려 늦은 저녁의 첫 음식을
맛봅니다.
찌개 속의 두부는 푹 익어버린 김치와 같이 어울리고
나는 허름하고 가난한 저녁의 식당에 풍경처럼 녹아듭니다.
우리가 지금 둘이었으면 덜 외로웠겠지만
둘이라도 우리는 그리워했을 겁니다.
그래서 원래 몰랐던 사이로 되돌아갈 수 없어
이제는 외로움이 그리움으로 그리움이 괴로움으로 비처럼 내립니다.

나는 길고도 긴 저녁에 짧고도 단 식사를 혼자서 합니다.

먹는다는 것은 어느 결엔가
다시 과거의 어느 날의 추억과 만나는 가장 쉬운 일인가 보다
생각합니다.

고등어구이와 김치찌개와 그 냄새와 끓으며 작게 움직이는 냄비의
모습과
그리고 모르는 이들과 그들의 처음 듣는 대화와 소음이
나를 그 날로 다시 데려가는 것이겠지요.

나는 항상 비가 오고 약간은 스산하며,
얇은 옷에 바람기 스며드는 차가운 가을의 끝자락에 서서
외롭고, 오롯이 혼자인 두 발자국만을 의지하고 밥집을 찾습니다.

이 저녁에 이름도 부를 게 없는 찌개 파는 집의 온기가
마음 저 깊은 곳의 봄날과 함께 하니
저절로 나는 그런 날 그런 시간에 여기에 와 밥 한 술 뜨고 있는
겝니다.

이 글은 난임 부부에게 드리는 조언이나 희망의 메시지와는 조금 다른, 짧은 수필입니다.

비 오는 저녁의 작은 식당에서 마주한 풍경을 담으며, 누구나 한 번쯤 경험했을 법한 고요하고도 쓸쓸한 순간을 기록했습니다.

이 장면을 읽으시며 독자 여러분도 빗소리와 함께 흩날리는 김치찌개의 향, 허름한 밥집의 온기, 그리고 혼자지만 묘하게 따뜻했던 저녁의 공기를 떠올려 보시길 바랍니다.

그 순간, 마음속에 잔잔한 평화가 스며드는 경험을 하실 수도 있을 것입니다.

시험관아기시술 중
불안하고 걱정이 몰려오면

안녕하세요?

오늘은 유튜브 댓글 하나를 소개해 드릴까 합니다.

대개는 질문과 감사에 대한 글이었지만 난임 부부의 성공담을 올려주신 글 하나를 발견했습니다. 읽다 보니 다른 분들과 공유하면 좋을 것 같아 소개드립니다.

다만 여러 번 다른 곳에서 실패하고 여기 와서 한 번에 되었으니 저희 병원과 의료진이 우월하다 뭐 이런 이야기는 절대 아닙니다.

저 역시 잘 해결해드리지 못하고 보내드리는 분들이 적지 않기 때문에 제가 여기서 드리고 싶은 말씀은 긍정의 힘과 의료진에 대한 신뢰가 주는 행복한 결론을 같이 공유하고 실제 우리들의 현실은 아직 이 부부처럼 해결되어 탈출하지는 못한 상황에 놓여 있지만 희망의 끈을 꼭 부여잡고 같이 노력하는 또 다른 계기가 될 수 있을 것 같아 읽어보려고 합니다.

> 선생님을 만나고 드디어 기다림의 끝을 향해 달려가고 있습니다
> 시험관 하면 웬만한 사람들이 다 아는 유명하다는 타 병원에서 8번의 실패를 딛고,
> 선생님과의 단 한 번의 만남으로 쌍둥이 임신에 성공해 지금 18주가 다 되

어가네요.

8번의 실패가 왔을 땐 육체적으로, 정신적으로, 그리고 경제적으로도 힘들었습니다.
원래 아이들을 너무 좋아하는 우리 부부는 이젠 밖에서 마주치는 아기들을 볼때 고개를 돌려버리곤 하였습니다. 쳐다도 보기 힘들 정도로 정신적으로 피폐해져 우울증이 찾아오게 되었죠.
남편은 제가 표현하지 않아도 너무 힘든 걸 알기에 이제 그만 시도하자고 하더군요. 우리 둘이서 행복하게만 살자고.
여태 서로 상처가 될까 말 한마디조차 조심스러웠던 우리는 부둥켜안고 한참을 울었습니다.
그래도 끝은 있지 않겠냐고, 여기까지 달려왔는데 포기하지 말자고… 다시 용기를 내서 전원을 해서
한 번만 더 해보자 하고 힘을 냈습니다.

제가 고차수라서 여러 경험을 해봤지만 선생님은 좀 달랐습니다. 섬세한 장비와 스킬, 끝까지 안정권에 들어갈 수 있게 처방도 끝까지 잘해주시고 … 손기술이 좋으셔서 몸도 이번엔 덜 힘들었습니다.
여태껏 보낸 시간들이 너무 허무할 정도로
배아 질과 몸 상태가 너무 좋았습니다.
진작에 여기로 옮길걸 했죠.
쌍둥이를 임신하고 우리는 그동안 앓았던 우울증에서 탈출했습니다.

여러분, 포기하지 않으면 끝은 있습니다.

불안과 걱정은 오히려 해가 될 뿐입니다
우리 아기 천사는 꼭 찾아올 거라고 믿고
편안하게 선생님과 손발 맞춰 걸어나가기만 하면 됩니다.
모두 힘내세요!!

그리고 선생님 너무너무 감사드립니다.

8번의 시도와 저희 병원에서 9번째 시도.

얼마나 많이 힘드셨을까 생각해 봅니다.

많은 분들이 느끼고 계시겠지만 직장 생활 하면서 병원 다니시는 게 결코 쉬운 일이 아닙니다. 동료들이나 윗사람들에게 여러 번 부탁이나 양해를 구해야 하는 상황들이 생기고

난자 채취나 이식일이 생리 시작할 때부터 딱 정해져 있지 않다 보니 근무표를 짜야 하는 업종에 계시는 분들 역시

더더욱 부담감을 느낄 수밖에 없을 것입니다.

이분의 말씀처럼 그래도,
포기하지 않고 정성을 다하다 보면
끝나는 날이 오고,
종착역에 도착할 시간이 오고,
환하게 미소 지을 날도 온다는 것을 기억하시면 좋겠습니다.

마지막으로

부부는 함께 평생을 살아가야 할 친구이자 사랑하는 사람입니다.

그러다 보니 계속된 시도에 힘들어하는 아내를 위해

마음에도 없는 포기를 이야기하는 남편분들도 계십니다.

아내는 진짜 남편이 별생각이 없는 것으로 오해하고 경제적인 면이나 심리적인 면에서 지쳐가는 자신의 상황까지 겹치면 정말 포기라는 것을 생각하게 됩니다.

하지만 또 나중에 그로 인해 많은 후회가 생길 수도 있습니다.

왜 그때 그만두었을까.

왜 남편은 하지 말자고 한 걸까… 하면서 말입니다.

그래서.

그래서,

다른 건 다 서로를 위해 선의의 거짓말도 하고, 마음에 없는 소리를 해도 아기 가지는 것에 대해서는 그래서는 안 됩니다.

왜냐하면 이게 다 때가 있고 그때가 지나가면 좀 더 나이를 먹게 되면 점점 더 확률과 가능성은 줄어들고 언젠가는 임신 시도조차 할 수 없는 시간도 오기 때문입니다.

조금만 더 버티고, 한 번만 더 노력하고, 한 걸음만 더 걸어가보도록 했으면 합니다.

전에도 말했듯 아가가 우리에게 와주진 않으니 우리가 마중나가는 여행이라 생각하며 말입니다.

불안에 대하여

詩 김동원

불안에 대하여
어둠과 늪과 안개와 미로

알 수 없음의 깊이
막막함의 무게
두려움의 고통

나아가
이것들이 내일도 눈을 뜨면 되풀이된다는 것을 인지함으로
오는 실존의 버거움

실체가 없음이요
내맡길 수 없음이요
차마 버릴 수 없음이니

익숙한 것들 모두는 선 것에서 왔고
아는 이들 모두는 몰랐던 이들이고
잘 하는 일 모두는 처음이 있었음이니

마음속 한곳 정해
내 불안함의 발로를 재운다

삶으로써 늘 피어나는 것이 불안이라면
그 씨앗을 만들어 내는 내가 그 불안의 실체이니

받아들이고
하루를 살고
이겨내고
두 밤을 잔다

그렇게 쌓인 인생을 살다 간다

시험관아기시술 후 기적 같은 임신, 기쁨의 눈물

안녕하세요?

오늘은 저희 병원 에세이란에 올라온 글 중 임신 성공에 대해 본원에서 일어났던 몇 가지 이야기를 해보려 합니다.

다 아시다시피 본원은 난임 부부들에게 임신의 기쁜 결실을 안겨드리려 노력하는 난임 전문 병원입니다.

그러다 보니 늘 임신은 그저 일상적인 것이려니 하고 생각하실지 모르지만, 사실 저를 포함한 병원 직원 모두는 한 분 한 분의 임신에 너무도 기쁘고 감사한 생각들을 가지고 있답니다. 저희 간호사들 역시 이 글을 읽어볼 것이기에 입에 발린 말이 아니라 사실만을 적어야겠지요.

작년에 본원을 찾아왔던 유○○님은 비교적 고령이라 임신이 결코 쉽지 않은 나이였지만 간절히 간절히 아기를 원하는 모습에서 유○○님이 지난 세월 허비했던 수많은 노력들에 합당한 결실이 있었으면 하는 바람을 가져보았습니다.

수치가 나왔다가 유산되어버렸을 때에는 너무도 아쉽고, 안타까웠지만 4번째 시험관아기시술에 결국 쌍둥이를 임신하는 데 성공하였습니다. 지방에서 몇 년간 인공수정을 한다고 허비한 시간, 대학병원에서 시도조차 못하면서 허비한 시간들에 대한 충분한 보상이자, 생각해보면 그리 길지도 않은 인생에서 환하고 따스한 햇살 한 번쯤은 누구에게나 찾아온다는 희망을 발견한 사건이었습니다.

그 유○○님께서 본원 행복사진첩에 올린 사진 속의 아가들은 그저 평온하고, 평화롭습니다. 세상에 신이 있다면 평화와 절대적인 사랑이 있다면 바로 이런 모습이겠지요. 이 자리를 빌어 진심으로 축하의 말씀 전합니다.

박○○님은 서울 분입니다. 이분 역시 40이 넘어 적은 나이가 아니었습니다.

동생이 광양에 사는 관계로 저희 병원을 찾았습니다. 동생이 기증한 난자를 이용해 임신 시도를 하려는 것이었는데 동생의 나이도 적지 않다 보니 고작 1개의 난자를 얻었습니다. 하지만 결국 그 하나가 소중한 생명이 되어 임신에 성공하였습니다.

최근에 일어났던 일로는 아직 아기 집까지는 확인하지 못하였지만 언니가 나이 30에 조기폐경되어 동생의 난자를 기증받았는데 과배란을 해보니 동생 역시 문제가 있어 윗분과 마찬가지로 1개의 난자를 얻어 이식, 3차 피검사까지 통과하는 일이 있었습니다.

눈물어린 고통의 시간 속에서 희망의 끈을 놓지 않았기에 이런 기적과 같은 일이 있지 않았나 생각해 봅니다. 이제 며칠 내에 초음파 검사를 해보면 예쁜 아기집을 확인할 수가 있겠지요. 부디 잘 유지하시길 바라 봅니다.

본원에 현재 입원해 계신 세 분 중 두 분 역시 기적과도 같은 임신에 성공하였습니다.

이○○님은 나이는 아직 젊지만 선천적으로 자궁이 너무도 심한 후굴이어서 이식관 삽입이 어려워 자궁경수술을 세 번이나 시행했습니다.

글이야 쉽게 세 번, 네 번 이렇게 이야기할 수 있지만 그 기간이 결코 짧지 않았고, 시험관아기시술에 한 번 실패한 후 다시 자궁경수술을 할 때에는 심적으로 많이 힘들었던 것으로 알고 있습니다.

결국 성공적으로 수술이 마무리되었고, 다시 용기를 내어 시험관아기시술을 실시, 임신에 성공해서 7주 정도 되었지만 이번에는 질출혈이 생겨 절박유산의 가능성이 높아 입원하였습니다. 현재 면역치료를 받으시고 안정적으로 유지 중입니다. 꼭 유지하셔서 예쁜 아가를 만나보시길 기원합니다.

다른 한 분은 난포가 잘 자라지 않는 저반응군이시고 몇 번의 시도를 하였지만 수치가 1300까지 올라갔다가 유산되어 버리는 등 아픔이 컸습니다. 늘 제게 씩씩하고 밝은 웃음을 보여주셨지만, 그 마음속 깊은 눈물과 고통이 얼마나 컸겠습니까? 남편분은 실패에도 불구하고 늘 아내에게 위로와 내일에 대한 희망을 이야기하여 주었고, 10월 초 생리가 있고, 아직까지 생리가 없으면서 연하게 비치기만 한다는 전화를 주셨습니다. 문제가 있을 수 있기에 방문을 권유하였고, 질초음파를 본 순간……

믿을 수 없는 일이 벌어졌습니다. 선명한 아기집과 난황낭이 보이는 임신 5주 6일의 환희가 펼쳐진 것이지요.

꼭 눈물을 보여야 우는 것일까요?

믿을 수 없는 일에 믿을 수 없는 얼굴로 수차례 제게 “원장님 농담이시죠?” 하며 반문하던 박○○님은 초음파를 보고도 믿질 못하고 한참을 스스로에게 찾아온 기적을 받아들이지 못하고 있었습니다. 삶을 살아야 하는 이유를 묻는 사람이 있다면, '긍정의 힘'이 무엇이냐고 묻는 이가 있다면, 바로 어제저녁에 저희병원 초음파실에서 일어났던 드라마나 영화 속에서나 있을 법한 일을 말해주고 싶습니다.

'대개의 실패는 그 스스로 포기하는 데 있다'는 잠언의 이야기가 문득 떠오릅니다.

우리는 언제, 대체 언제쯤 이 고난이 끝나고 그렇게 원하고 바라는 아가를 품에 안아볼지 아무도 모릅니다.

하지만 신이 있다면 우리에게도 한 번쯤 원하는 일이 눈앞에 펼쳐질 아름다운 날이 꼭 올 것이라 저는 생각합니다.

3일 전의 일입니다.

옆 난임병원에서 작년에 복강경수술을 한 결과 양쪽 나팔관이 막혔고 뚫는 데는 실패해서 시험관아기시술 외에는 대안이 없어 정확히 기억나진 않습니다만 한 번 시험관아기시술을 했으나 임신이 되지 않아 여러 가지 이유로 본원으로 옮긴 분이 내원하셨습니다.

생리도 불규칙하다고 하여 시험관아기시술을 하기로 하고, 먼저 초음파 검사를 실시했는데 초음파 화면 속에는 기적과도 같은 아기집이 보이는 것이었습니다. 이럴 수가 있을까요? 나팔관이 막히고, 시험관시술을 해도 임신이 되지 않는 분이 자연임신을 해서 오신 것입니다.

저는 진심으로 감사했습니다.

저에게 맡겨진 일은 고통의 하루하루를 아가를 기다리며 보내는 부부들에게 그 결실을 보여주는 것입니다. 그런데 스스로 자연임신을 했으니 가장 저를 도와준 분이 바로 이런 분이라 저는 생각합니다. 오랜 시간 난임의사로 살다 보면 어느 날부터인가는 병원 경영이 주가 아니게 된답니다. 행복하기 위해, 도움을 받기 위해, 고통에서 벗어나기 위해 찾아온 수많은 분들이 스스로 원하는 결실을 가지고 병원을 '시원섭섭'하게 떠나는 것이 제가 해야 할, 제게 맡겨진 소명이라 저는 생각합니다.

행여 더 좋은 약을 쓰고 난자는 전보다 더 적게 나와 서운하고 허망하더라도, 5일 배양을 하기로 하고 3일 배양으로 바꿔서 시술해 마음 아프더라도 우리 모두 일희일비하지 않는 마음을 가져야 할 것입니다. 의사가 다루는 것은 바로 사람입니다. 생명입니다. 기계처럼 정확한 반응을 보이지 않는 살아 있는 생명입니다. 그러므로 불가항력적인, 예측이 불가능한 경우들이 일어나는 것이지요.

미리 살피고 염려하여 설명드린다 하고 있지만 사람의 일이라 완벽히 한다는 것은 애초에 어려운 이야기일 것입니다. 실망감과 허탈함이 밀려오더라도 저와 저희 의료진 모두를 믿고, 긍정의 힘으로 마음을 채우고 다시 한번 용기를 내어보도록 해야 할 것입니다.

이 자리를 빌어 임신에 성공한 모든 분들께 축하의 말씀을 전하고, 아직 성공하지 못해 애태우는 분들께는 꼭 아가를 품에 안아볼 수 있도록 최선을 다할 것을 약속드립니다.

우리는 늘 무언가를 기다리며 살아갑니다.

때로는 적절한 순간을, 때로는 새로운 기회의 문을, 그리고 사랑하는 이를 기다리며 오늘을 버텨냅니다.

삶은 기다림의 연속이지만, 그 기다림 속에서 끝까지 희망을 잃지 않는 사람은 많지 않습니다.

오랜 기다림은 지치게 하고, 때로는 포기하고 싶게 만들기 때문입니다.

그러나 기다림 속에 사랑이 있다면 이야기는 달라집니다.

사랑은 지친 마음을 붙들어주고, 희망은 무너진 발걸음을 다시 일으켜 세웁니다.

희망 없는 기다림은 공허하고, 사랑 없는 기다림은 의미를 잃습니다.

결국 기다림은 그 사람이 무엇을 간절히 소망하고, 누구를 진정으로 사랑하는지를 보여주는 마음의 거울입니다.

그래서 기다림은 때로 슬프지만, 동시에 가장 아름다운 믿음의 다른 이름이기도 합니다.

미래의 내가 오늘의 나에게 보내는 편지

시험관 시술 중 절망의 마음이 들 때 꼭 한 번 보세요.
지금 처한 상황을 다른 관점, 시각에서 보게 만드는 마법.

비가 내리는 새벽입니다.

집 앞 산하를 감고 도는 안개 사이로 투닥이며 이파리들이 흔들리며 비가 옵니다.

어둑한 하늘에서 내려오는 빗줄기들은 마치 우리의 마음처럼 무겁고 지쳐 있지만, 동시에 세상의 먼지를 씻어내듯 잔잔한 위안을 남기기도 합니다.

회색 구름이 낮게 드리운 어느 봄날, 저는 문득 살아온 길을 돌아보며 이렇게 스스로에게 묻습니다.

"나는 지금 어디쯤 서 있는 걸까?"

삶은 뜻밖의 순간들로 가득합니다.

반복되는 실패와 예기치 못한 좌절은 우리의 심장을 움켜쥐듯 조여오고, 작은 희망조차 지워버리려 합니다.

그러나 역설적이게도, 그 절망의 한가운데에서 가장 간절한 기도가 피어나고, 가장 깊은 사랑이 깨어납니다.

기다림은 분명 고통입니다.

그럼에도 불구하고, 기다림 속에는 설레는 떨림이 숨어 있습니다.

언제 닿을지 모르는 불확실성 속에서, 작은 희망의 불씨 하나가 우리를 다시 걷게 만들기 때문입니다.

불교 경전에는 이런 이야기가 전해집니다.

한 제자가 스승에게 "왜 제 마음은 늘 불안하고 흔들립니까?"라고 묻자, 스승은 고요한 연못가로 데려가 돌을 던지며 말했습니다.

"너의 마음이 돌에 맞은 물결과 같다. 물결을 멈추려 애쓸수록 더 크게 일렁이지만, 잠시 기다리면 다시 제 스스로 고요를 찾는다."

기다림도 이와 같습니다. 억지로 붙잡으려 할수록 고통은 커지고, 조급히 흔들수록 더 멀어집니다. 그러나 잠시 숨을 고르고, 마음을 내려놓으면, 결국 그 기다림은 결실로 이어집니다.

성경에도 이와 닮은 구절이 있습니다.

"우리가 바라는 것을 보지 못하면, 우리는 참음으로 그것을 기다리느니라."(로마서 8:25)

희망 없는 기다림은 고통이지만, 사랑과 믿음이 담긴 기다림은 우리를 지치게 하지 않습니다.

영국 잠언집에는 또 이런 말이 있습니다.

"Endurance is not just the ability to bear a hard thing, but to turn it into glory."

견디는 힘이란 단순히 고통을 버티는 것이 아니라, 그것을 영광으로 바꾸는 능력이라는 뜻입니다.

이렇듯 동서양의 지혜가 한결같이 전하는 것은 단 하나입니다.

기다림 속의 불안은 결국 사라지고, 남는 것은 사랑과 희망이라는 사실입니다.

오늘의 불안은 확신이 없기 때문에 더 크게 느껴집니다.

그러나 미래의 내가 오늘의 나에게 편지를 쓴다면, 아마 이렇게 말할 것입니다.

"너무 많은 생각에 스스로를 괴롭히지 마.
불안은 결과를 바꾸지 못해. 오히려 너를 더 지치게 만들 뿐이야.
결국 너는 이 길을 끝까지 걸어낼 거고, 그날이 오면 지금의 눈물이 얼마나 귀한 밑거름이었는지 알게 될 거야."

오늘 하루는 그저 물 흐르듯 흘려보내도 괜찮습니다.
대단한 일이 없어도, 특별한 성취가 없어도 괜찮습니다.
그렇게 조용히 쌓여가는 하루들이 결국 우리의 삶이 되고, 그 삶은 언젠가 분명히 결실을 보여줄 테니까요.
그러니, 부디 스스로를 믿으세요.
작은 확신 하나가 내일의 용기를 만들고, 용기가 모여 기적을 이룹니다.
언젠가 아가를 품에 안은 채, 과거의 오늘을 떠올리며 이렇게 미소 지을 날이 반드시 올 것입니다.
"걱정과 불안은 아무것도 바꾸지 못했구나.
그저 포기하지 않고 걸어왔기에, 나는 결국 여기에 닿을 수 있었구나."

시험관시술하고 불면의 밤을 지새우는 분들에게 주문을 걸어봅니다

마음의 평화가 오는…

시험관아기시술 중 가장 어려운 과정은 바로
난자 채취도 아니고
배아 이식도 아니고
임신 확인까지 기다리는 열흘입니다.

어떻게 결과가 끝날지 몰라 애태우는 그 열흘간이 초조하고 힘들게 그리고 매우 더디 지나갑니다.
인스타도 들여다보고
맘카페도 들어가 보고
단톡방에서 수다도 떨어봅니다.

그러다 문득
나는 먹지 않았던 약이나 비타민, 보신제가 효과가 있었다는 글귀를 읽고 나면
훅~~하고 머릿속에 화살이 지나갑니다.
'이거 때문에 안 되면 어쩌지.'
'왜 나한테는 주치의 샘이 이거 먹으라고 안 했을까.'

시간 보내고 동병상련이라고
조금의 위로나 위안을 받으려고 들여다본 곳에서 오히려
불안함과 초조함의 씨앗들을 마음속에 심어버리고 맙니다.

우리는 사실 아무도 미래를 알 수는 없습니다.
다만 어제는 지나간 오늘들이었음은 확실합니다.
그 어제들이 모여 과거가 되었지요.

그럼 한번 생각해 보시죠.
살면서 한 번도, 단 한 번도 죽을 것같이 힘들고 괴로웠던 적이 없었나요?
만약 그런 일들이 있었다면
우리는 다시 한 번 생각해 볼 수 있습니다.
그 일이라는 게
주변의 도움이나, 아니면 나의 노력이나, 운이 좋아서 어찌어찌 해결되었던 적도 적지 않았음을 말입니다.
"이렇게 잘 끝날 것을 괜히 마음 졸였어."
라고 혼잣말을 되뇌었을 과거도 물론 있었을 겁니다.

반대로
해결되지 않았던 일조차도 지금은 앙금은 있을지 몰라도
많이 퇴색되고 희미해져 있을 겁니다.
마음으로 받아들였든, 포기했든, 유보했든 말입니다.

그렇습니다.

혈액검사까지 열흘을 기다리는 우리는 불확실함에 힘들지만
잘 해결될 거라 스스로 주문을 외워야 합니다.
과거의 어느 날 잘 해결되어 웃으며 끝났던 일을 떠올리며 말입니다

늘 하는 말이지만
스스로도 믿어주지 않는 자신의 미래를 누가 대신 믿어주겠습니까?
자신과 자신을 믿고 사랑하고 기도하는 주변의 많은 사람들과
인연을 맺고 시술 과정을 함께하는 주치의와 의료진들의 바람들이 모이면
당신에게도 아주아주 평범한 기적이 일어날 겁니다.

그래서 내년 추석엔 아가를 품에 안고 시댁과 처가에 웃으면서 인사 가는 진짜진짜 평범한 부부의 환한 얼굴을 서로 보게 될 겁니다.

새벽 첫 이슬 풀잎에 맺히고

새벽 첫 이슬이 풀잎에 맺히고, 빨간 꽃잎을 기억하는 대지 위로 장미향 바람이 덜 잠긴 들창을 흔듭니다. 그 바람에 베이지색 연한 커튼이 살짝 나풀거립니다.

달빛은 바람의 향과 호수 안개에 이지러지고, 부서지는 듯 이어지다가 부유하는 물안개와 만나 그저 마지막 헤어짐의 춤을 춥니다.

그렇게 안개와 바람과 달빛은 또 다른 만남을 기약하며, 여명의 한 줌 햇살에 명멸하는 불빛처럼 사라져 흔적도 없이 사라집니다.

저 멀리 신기루처럼 떠 있는 하얗고 푸르면서 차가운 북녘 이름 모를 산자락부터 조금씩 겨울을 입혀 빛나던 눈들은 사라지고, 녹고, 흘러 개울이 되어 퍼져나갑니다. 그 시냇물 흐르는 소리가 산하의 생명들 사이로 작은 숨을 불어넣으면, 잠자던 모든 것들의 심장 위로 빨간 피 한 방울이 떨어집니다.

이윽고, 봄이 시작됩니다.

길은 이어지고, 이내 막다른 곳에 다다르지만 그럼에도 돌아갈 길을 찾습니다. 처절하게 먼저 길을 찾던 산동물이 만든 또 다른 길을 만나게 됩니다. 그 길섶에 피어오르는 작은 제비꽃.

하얗고, 노랗고, 보라색으로 작게 빛나며, 자신의 이름 비올라처럼 낮고도 강한 선율로 얼어붙은 대지가 녹고, 바람은 이제 선선해지며, 하늘은 푸르게 빛나고, 계절은 드디어 다른 옷을 갈아입었음을 노래합니다.

계절이 바뀌듯 우리의 삶 또한 늘 새로운 시작과 끝을 반복합니다.

눈이 녹아내려 강물이 되고, 그 강물이 또 다른 생명을 키우듯 인간의 마음 또한 기쁨과 슬픔, 만남과 이별 속에서 조금씩 흘러가며 다져집니다.

그저 실패와 시련, 그리고 헤어짐과 배신이 서러웠던 어느 비 오는 날. 혼자 걷다가 문득 멈춰 선 어느 낯선 골목에서 하늘을 올려다봅니다. 내리는 빗소리와 지나가는 사람들 사이에서 홀연히 깨닫습니다.

나처럼, 혹은 나와 같은 이 순간들을 겪고 이겨내며 지나쳐 보내는 이들이 많이 있음을.

그 순간, 스스로의 동정과 연민에서 벗어나게 됩니다. 그것이 계절이 지나가는 하늘과 풍경이 내게 주는 심상일 것입니다.

그래서 저는 오늘, 봄이 오는 소리를 들으며, 느끼며, 또한 반기며 스스로에게 반문해 봅니다.

수많은 봄이 지나고, 짧은 삶의 순환 동안 내가 미처 생각하지 못했고, 내 우주밖에 챙기지 못해서 위로를 받지 못한 채 사라져간 모든 지난 봄들에게 미안한 마음뿐입니다.

사실은 걱정과 '왜'라는 생각에 사로잡혀, 그렇게 아름답게 다가온 짧은 봄들을 제대로 배웅하지 못했기 때문입니다.

이 책을 펼쳐 읽는 당신께, 이 이야기는 어떤 울림으로 다가올까요?

우리는 지금 봄을, 결실을 기다리는 중입니다. 그러나 삶 속에는 소소한 행복도 있고, 이루어지지 않는 소망에도 불구하고 조금씩 그 결과를 향해 다가감을 암시하는 신호들도 존재합니다. 우리에게 필요한 것은 그 신호를 알아채고 감사히 받아들이는 것, 그리고 그것과 상관없이 위로와 희망을 주는 크고 작은 이야기들을 품는 것입니다.

그런 것들이 우리의 주변을 따뜻하고 온화하게 변화시킨다면, 결국은 뜻밖의 행운, 세렌디피티를 만나게 될 것입니다.

드디어 봄이 왔듯이, 우리에게도 바라는 결실의 순간은 반드시 찾아올 것입니다.

폭풍우 속에서도 등대의 불빛은 꺼지지 않고,
거친 파도 속에서도 나침반은 남쪽을 가리킵니다.
그래서 우리는 마지막 항해를 멋지게 마치고,
어머니의 품 같은 항구의 굽은 방파제를 지나,
사랑하는 이와 함께 그토록 바라던 새 봄의 대지를 밟게 될 것입니다.

이 글을 읽는 모든 분들의 새 봄에는, 따스하고 온화한, 각자가 바라는 결실의 순간이 꼭 찾아오기를 기원합니다.

의사가 왜 필요한지,
그 울음 속에서 들었습니다

오늘, 병원의 한 구석에서 한 환자가 울었습니다.

수많은 시도 끝에, 절망 끝에 마침내 찾아온 생명의 신호 앞에서 그녀는 말했습니다.

"세상에 왜 의사가 필요한지, 이제야 알겠어요."

그 말은 눈물처럼 맑았고, 뼛속까지 울림을 주었습니다.

그 눈물은 슬픔에서 말미암은 것이 아니었습니다.

절망의 끝자락에서 기적처럼 찾아온 생명에 대한 감동,

지친 마음 끝에 맺힌 기쁨의 결정이었습니다.

그 눈물은 어쩌면 사람이 흘릴 수 있는 눈물 중 가장 밝게 빛나는 눈물이었는지도 모릅니다.

그녀의 눈에서 흘러내린 그것은 말보다 진하고, 감사보다 뜨거운 언어였습니다.

산부인과 의사라는 길은 결코 평탄하지 않습니다.

한 생명이 시작되는 경이로운 순간을 지키기 위해

우리는 수없이 새벽을 지새우고,

수많은 '기다림'과 '불확실함' 사이에서

환자보다 더 환자의 마음을 걱정해야 합니다.

난임이라는 분야는 특히 그러합니다.

모든 이에게 같은 처방이 없는,
교과서보다 사람을 먼저 알아야 하는 의학.
호르몬 수치 하나에도, 내막 두께 몇 밀리미터에도
삶이 바뀌는 순간이 담겨 있습니다.
눈에 보이지 않는 희망을 믿고,
아무도 알 수 없는 타이밍에 미래를 걸어야 하는 곳.
그래서, 의사는 단순한 치료자가 아니라
삶의 동행자이자, 때로는 기도하는 이가 됩니다.

개원의의 삶은 또 다릅니다.
의학이라는 숭고한 본업 뒤에는
끝없이 밀려오는 행정과 경영의 파도가 있습니다.
진료 외에도 신경 써야 할 일이 너무 많고,
경쟁 속에서 '좋은 의사'로 살아남는 것은
그 자체로 하나의 외줄 타기입니다.
그럼에도 불구하고
환자의 눈에서, 그 한마디 속에서
이 모든 시간이 부서지듯 빛납니다.
'당신 덕분에 내 인생이 달라졌어요'
그 말은 이 세상 어떤 보상보다 크고,
어떤 성공보다 깊은 의미를 가집니다.

의사는 사람의 생명만을 다루는 직업이 아닙니다.
그들의 희망과 시간, 슬픔과 용기를 함께 품는 사람입니다.
그래서 우리는 오늘도, 내일도

조용히, 묵묵히 이 길을 걷습니다.

세상 어딘가에서, 누군가가

감동과 기쁨이 뒤섞인 눈물로 그렇게 말해줄 그 순간을 위해서.

헌시(獻詩)

당신을 생각하면...

詩 김동원

당신을 생각하면
항상 대숲 사이로 청명한 바람 지나갑니다.
고요하고 그윽한 느낌.
그래서 당신은 물푸레나무입니다.
가지 담궈놓으면 물 푸르게 변하는 작은 기적처럼
내 영혼 당신 있어 온통 푸르게 변해가고 있으니.

당신을 내어 부르면 입가에서 상쾌한 휘파람 소리 납니다.
은은하고 포근한 이름.
그래서 당신은 가을 안개입니다.
모든 것 희미해 보이나 정작 걷히고 나면
광막한 세상 더욱 아름답게 만들어주니.

당신을 만나노라면 눈가에 작은 이슬 맺힙니다.
늘 그리워 눈물짓게 하는 얼굴.
그래서 당신은 첫눈입니다.
온통 하얗게 변해버린 세상 위에

약속처럼 우리의 발자국 나란히 새기어 주는
당신은 오래 오래 내리는 첫눈입니다.

그리 그리 나에겐
항상 가슴 벅찬 사랑입니다.

이 헌시는 문신용 교수님의 정년기념집에 실렸던 것입니다.

서울대 병원 입사시 조금 늦게 메일을 통해 제 사정을 말씀드렸는데 교수님께서 망설임 없이 전임의로 저를 받아주셨던 기억이 있습니다. 그 이유를 훗날 알게 된 것은 교수님의 정년 기념집을 통해서였습니다.

젊은 시절, 교수님께서 미국 연수 중 예정된 연구실 자리가 공석이 되어 난처한 상황에 놓였을 때, 아르헨티나 출신의 한 교수님이 도움의 손길을 내밀어 주었습니다. 외국인으로서 미국에서 겪을 수밖에 없는 어려움을 누구보다 잘 알았기에 가능했던 따뜻한 배려였습니다. 덕분에 문신용 교수님은 시험관아기시술의 과정을 깊이 경험할 수 있었고, 그 기억이 오래도록 마음에 남아 있었다고 기념집에서 밝혔습니다.

그래서 미국에서의 공부가 너무 힘들어서 후배들이나 제자들에게 쉽게 배움의 장을 열겠다는 다짐을 하셨고, 제가 교수님 아래에서 배움의 기회를 얻을 수 있었던 것입니다.

정년 기념식에서 교수님은 이렇게 말씀하셨습니다.

"1974년에 의과대학을 졸업하고, 1982년부터 시험관아기시술을 공부한 지 30년이 지났습니다. 처음 내분비학을 시작할 땐 너무 힘들었기에, 다른 의사들은 편히 공부하길 바라는 마음으로 모든 것을 열고 공개하기로 했습니다. 국내의 어떤 의사라도 원한다면 서울대학교 병원에서 함께 배우고, 연구실 정보를 모두 공유하여 환자에게 도움이 되도록 하였습니다."

이 말씀처럼, 교수님의 배려에서 시작된 배움의 자리가 오랜 시간 이어져, 오늘의 저와 수많은 후배들에게 큰 빛이 되었습니다. 이 헌시는 교수님의 오랜 기간의 배려와 나눔에 대한 존경을 담아 올린 작은 꽃다발입니다

에필로그

새벽의 첫 이슬이 다시 풀잎 위에 맺히듯, 우리의 삶 또한 끝과 시작이 겹쳐 흐릅니다.

기다림의 시간은 때로 길고 고통스럽지만, 그 끝자락에 피어나는 기쁨은 언제나 눈부십니다.

난임의사로서 병원을 찾고 수많은 불면의 밤을 지새우며 노력했던 모든 분들, 그리고 제 블로그 글이나 유튜브 영상을 통해 잠시나마 위로와 위안을 얻으셨던, 만나 뵌 적은 없어도 마음으로 이어진 수많은 분들께 이 책을 바칩니다.

우리는 모두 각자의 삶에서 무언가를 기다립니다.

희망 없는 날에도, 결실이 멀리 보이지 않는 순간에도, 마치 등대 불빛이 어둠을 뚫고 바다 위를 비추듯 우리를 이끄는 작은 빛이 있습니다.

그 빛은 때로는 기도이고, 때로는 노력이며, 때로는 나지막이 들려오는 위로의 목소리입니다.

이제 책장을 덮는 지금, 그 빛이 새벽 별빛처럼 독자님의 가슴 속에 남아 오래도록 길잡이가 되기를 소망합니다.

비록 삶이 가끔은 돌풍과 폭풍우 속으로 우리를 내밀더라도, 결국은 순풍이 불어 우리의 연을 하늘 높이 날려 올릴 날이 반드시 온다는 것을 저는 믿습니다.

봄은 다시 옵니다.
그리고 반드시, 우리 각자의 삶에도 희망의 계절은 도래할 것입니다.
그날, 우리는 한결같이 이렇게 말할 수 있기를 바랍니다.
"기다림의 길 끝에서, 나는 결국 희망을 만났다."

감사를 전합니다

이 책이 세상에 나오기까지, 제 글과 영상을 아껴주시고 진심 어린 응원과 격려를 보내주신 모든 분들께 깊이 감사드립니다.

저를 오늘에 이르게 해주신 사랑하는 부모님과 장인·장모님께 진심으로 감사드립니다.

이 책이 나오기 전에 소천하신, 저를 여기까지 이끌어주신 어머니의 영면을 기도하고 좋은 곳에서 아들의 다음 여정도 기도와 사랑으로 지켜봐주시길 소원합니다. 사랑합니다.

언제나 제 곁에서 가장 큰 힘이 되어준 아내 수옥이에게, 그리고 든든한 버팀목이 되어준 두 아들 창헌이와 도헌이에게 마음을 다해 고마움을 전합니다.

또한 오랜 시간을 함께해온 병원 가족들에게도 깊은 감사의 마음을 드립니다.

그리고 인스타그램, 블로그, 유튜브, 페이스북 등 다양한 공간에서 늘 응원해 주시고 따뜻한 댓글과 메시지로 소통해 주신 구독자 여러분과 페친 분들께도 진심으로 감사드립니다.

여러분의 격려와 공감이 제 글과 영상이 계속 이어질 수 있는 큰 힘이 되었습니다.

모교 산부인과 안태규 교수님을 비롯한 모든 교수님들께서 보여주신 따뜻한 가르침과 격려에 존경과 감사를 드리며, 전임의 시절 귀한 배움을 주신 서울대병원 산부인과 문신용 교수님과 난임분과 교수님들께도 각별한 감사의 마음을 전합니다.

언제나 의지가 되어준 동료 전임의들, 그리고 인생의 여러 시기에 함께해준 친구들과 선후배님들께도 진심으로 감사드립니다.

아울러 가족과 친지, 이웃, 그리고 제 삶을 응원해주시며 마음을 나누어주신 모든 분들의 따뜻한 관심과 믿음이 이 책을 세상으로 이끌어 주셨습니다.

이 책은 그 모든 분들의 사랑과 격려가 한 문장 한 문장에 스며 있는, 저의 진심 어린 감사의 기록입니다.